ZHONGMEI LIANGGUO CHANYE JIEGOU
QUDONG YINSU BIJIAO YANJIU
JIYU GUOJI MAOYI HE GUOJI ZHIJIE TOUZI DE SHIJIAO

中美两国产业结构演进驱动因素比较研究
——基于国际贸易和国际直接投资的视角

包伟杰 著

中国财经出版传媒集团
经济科学出版社
Economic Science Press

图书在版编目（CIP）数据

中美两国产业结构演进驱动因素比较研究：基于国际贸易和国际直接投资的视角/包伟杰著．－－北京：经济科学出版社，2022.11

ISBN 978－7－5218－4384－2

Ⅰ.①中…　Ⅱ.①包…　Ⅲ.①产业结构升级－对比研究－中国、美国　Ⅳ.①F269.24②F171.21

中国版本图书馆 CIP 数据核字（2022）第 223979 号

责任编辑：孙怡虹　魏　岚
责任校对：易　超
责任印制：张佳裕

中美两国产业结构演进驱动因素比较研究

——基于国际贸易和国际直接投资的视角

包伟杰　著

经济科学出版社出版、发行　新华书店经销

社址：北京市海淀区阜成路甲 28 号　邮编：100142

总编部电话：010－88191217　发行部电话：010－88191522

网址：www.esp.com.cn

电子邮箱：esp@esp.com.cn

天猫网店：经济科学出版社旗舰店

网址：http：//jjkxcbs.tmall.com

北京季蜂印刷有限公司印装

710×1000　16 开　15 印张　230000 字

2022 年 12 月第 1 版　2022 年 12 月第 1 次印刷

ISBN 978－7－5218－4384－2　定价：81.00 元

（图书出现印装问题，本社负责调换。电话：010－88191545）

（版权所有　侵权必究　打击盗版　举报热线：010－88191661

QQ：2242791300　营销中心电话：010－88191537

电子邮箱：dbts@esp.com.cn）

前　言

　　美国作为当今世界上最大的发达国家,其产业、金融、对外贸易等政策的一举一动都牵动着世界市场的"神经"。而中国作为世界上最大的发展中国家,近些年来在全球的影响力得到了持续提升,中国政府提出的"一带一路"倡议,不仅彰显了中国进一步深化改革开放的坚定决心,同时也表明了中国愿意不断参与国际合作交流的诚意,这将对诸多国家或地区经济的发展产生重要的影响。中国和美国是当今世界上最为重要的两大经济体,据世界银行的研究报告显示,2020 年全球国内生产总值(GDP)为 96.1 万亿美元,其中美国的 GDP 总量为 23.02 万亿美元,中国的 GDP 总量为 17.73 万亿美元,中美两国经济的发展对世界的影响不言而喻。当前世界经济增速趋于放缓,特别是在 2008 年次贷危机爆发之后,中国和美国经济的发展均暴露出一些问题。例如,美国的金融监管问题、收入分配问题、投资就业问题、种族歧视问题等;而中国经济发展则暴露出了地区经济发展失衡、产能过剩、内需不足等问题。透过现象看本质,这些问题的产生与发展都与两国的产业结构有着密切的联系。美国第三产业增加值占 GDP 的比重超过了 80%,中国第三产业增加值占 GDP 的比重为53.3%。中国经济的发展过度依赖进出口拉动经济增长,而当全球经济增速放缓,在消费需求无法得到有效扩大的情况下,短时期内不得不依靠巨大的政府投资来保持经济的平稳运行,这又进一步加剧了消费不足而投资过热的结构性难题,由此也引发了产能过剩、企业杠杆过高等一系列问题。这些问题如果不能够得到有效解决,势必会给中国经济向着"又好又快"方向发展的目标带来阻碍。我们应借鉴美国经济发展和产业结构调整过程中的经验和教训，反思中国在经济发展中存在的难点和问题，形成长远可持续发展的战略目标，从而推动中国经济高质量发展。

产业结构作为判断一国经济发展"质量"的重要参考标准，其一方面直接反映出构成国民经济内部的各部门各产业之间的比例关系，另一方面又间接反映出一国经济发展所依赖的动力基础，进而判断一国经济增长的"健康性"和"可持续性"。而产业结构演进规律作为一国产业结构发展的历史演化趋势，较为直观地描述了一国经济从初级到高级、从欠发达到发达、从粗放增长到集约发展的路径。总的来说，产业结构作为一国经济发展状况的重要表现形式，是一国经济长期发展的重要基石，科学合理的产业结构有助于一国在当前竞争日趋激烈的国际市场中站稳脚跟，而且还能够有效抵御金融危机带来的不利冲击，从而使经济真正实现可持续、全面、健康发展，因此探究产业结构演进的趋势、特征、驱动因素、动力机制等便显得尤为重要。本书首先从产业结构演进的一般规律出发，结合产业结构演进的相关理论和文献，以中国和美国的产业结构为主要研究对象，探究中国和美国产业结构演进的驱动因素、逻辑规律、路径模式；其次通过大量的数据说明中美两国在产业结构演进过程中存在的异同点，尤其是着重分析了两国之间存在的差异与差距；最后结合当前经济全球化大背景之下中美两国产业结构演进呈现出的新特点和存在的问题，基于国际贸易和国际直接投资的视角，有针对性地提出意见和建议，希望能够对我国的产业结构调整、优化、升级提供更多的参考，使我国经济在科学合理的三次产业结构中实现长期平衡发展。

本书的主要内容如下：

第一章为绪论，主要是对相关理论和文献做了一个系统性的梳理，内容涵盖了产业结构的基本概念、产业结构的划分方式、产业结构调整、产业结构的演进模式、产业结构与经济增长等方面的理论和研究综述，为本书的写作提供强有力的理论及文献支撑。

第二章为产业结构演进的一般规律、背景和范式，主要对中美产业结构演进的一般规律、基本逻辑与分析框架进行了研究。首先，对产业结构演进的研究视角进行了划分，这是研究产业结构演进的出发点；其次，进一步研究了产业结构演进的一般规律和动力机制、产业结构演进的驱动因素和制约因素等。

第三章为产业结构演进驱动因素及其技术进步影响机理分析，主要进行了理论分析与模型构建，通过理论分析，研究需求因素、国际贸易、国际直接投资、研发投入等如何通过影响技术进步，进而影响产业结构演进。通过构建模型（未考虑技术进步的索罗模型、考虑技术进步的索罗模型、考虑人力资本的索罗模型），研究驱动因素如何通过影响技术进步，从而影响产业结构演进。

第四章为中美两国产业结构演进历程、特征及趋势比较分析，将中美两国产业结构的演进历程各自划分为四个阶段进行了研究，比较的内容主要涉及中美两国三次产业结构之间的变动情况。在对中美两国三次产业结构之间分析的基础之上，深入三次产业内部，对比分析中美两国三次产业中包含的相关行业之间的差异。具体而言就是中美两国第一、二、三次产业内部产业结构演进趋势的分时段比较。

第五章和第六章为国际贸易和国际直接投资对中美两国产业结构演进的影响分析，主要是基于前文对于中美产业结构的演进分析，将产业结构放置于经济全球化的大背景之下进行研究，分析国际贸易和国际直接投资如何通过技术进步影响中美两国产业结构演进。

第七章为中美两国产业结构演进驱动因素影响作用实证检验，基于中美两国产业结构演进中的相关数据，构建灰色关联分析模型，计算各驱动因素与中美产业结构演进灰色关联度；构建向量自回归（vector auto regressive，VAR）模型（基于向量自回归模型的脉冲响应函数、基于向量自回归模型的方差分解模型、格兰杰因果关系检验、误差修正模型），分析各驱动因素对中美产业结构演进的影响。

第八章为结论与启示，得出了本书主要研究结论，提出相应的对策和建议，在此基础上总结本书研究的不足之处与未来研究展望。

中国与美国的产业结构演进在大方向上趋于一致，从三次产业的构成比例关系来看，随着经济的发展和人均收入水平的不断提高，两国的产业结构形态由最初的"一二三"最终演进为"三二一"，第三产业最终成为国民经济的主导产业。从三次产业内部来看，伴随着行业革命的不断推动，新兴行业和传统行业的比重在不断分化，产业结构内部得以持续优化。不过中美产业结构演进的过程特征还是有所差异的，中国与美国在产业结构演进深度方面还存在着不小的差距，两国的产业发展也正各自面临一些问题。除此之外，当前经济全球化的趋势愈演愈烈，正日益深刻影响着中美两国产业结构的演进方向，而两国又都是世界贸易大国，双方之间不仅直接面临着合作与竞争，还面临着旧有的经济制约因素和新的工业革命挑战。因此，从长远的角度来看，两国之间贸易开放、交流合作、互惠互利将是大的方向和趋势，而在这一过程中，中美两国需要根据自身所拥有的资源禀赋和面临的社会经济环境，寻求三次产业之间和内部的平衡发展，努力促成行业的变革以不断推动产业结构的调整、优化、升级。

郭树华

2021 年 11 月

目　录

第一章 绪 论

中国和美国是当今世界上最为重要的两大经济体，对世界经济的影响举足轻重。次贷危机后，两国的经济发展和产业结构都暴露出了一些问题。美国存在金融监管、收入分配、投资就业、种族歧视等问题，中国存在地区经济发展失衡、产能过剩、内需不足等问题。这些问题都与两国的产业结构有着密切联系，如果不能得到有效解决，对两国经济发展势必会带来阻碍。本书对中美两国产业结构演进的驱动因素进行了比较研究，通过借鉴美国经济发展和产业结构调整升级过程的经验与教训，反思中国经济发展的难点和问题，提出调整优化中国产业结构的对策措施，形成长期可持续的发展战略目标，从而推动中国经济高质量发展。

第一节 问题的提出与相关概念

一、问题的提出

改革开放以来，我国经济实现了四十多年的持续高速稳定增长，并且我国也拥有全球产业门类最齐全、产业体系最完整的制造业。在持续保持世界第一制造大国地位的同时，我国制造业从中低端迈向价值链中高端，初步构建起现代产业体系，正在加快推进新型工业化、信息化。① 与此同时，党的二十大报告明确指出，高质量发展是全面建设社会主义现代化国家的首要任务。实现高质量发展，就必须优化产业结构。但是当前，我国产业结构优化升级过程中还面临不少问题，比如：农业领域方面，"三农"问题依然突出；工业领域方面，缺少自主创新能力，也缺少相应品牌；服务业对国民经济的带动性不强。

作为新兴发展中大国，在复杂多变的世界政治经济形势下，我国所面临的基本历史任务就是实现经济赶超目标，推动经济发展。困扰我们的是如何推动我国产业结构合理演进，以切实缩小与发达国家的差距。美国的产业体系是当代较为先进的产业体系，其经济发展、产业结构演进为经济理论提供了实践证明和支持。本书通过深入分析中美两国产业结构的演进，试图回答以下问题：（1）产业结构演进的背景、驱动因素、制约因素以及基本范式是什么？（2）中美产业结构演进的历程、特征及趋势是什么，如何体现技术进步？（3）产业结构演进的驱动因素，尤其是国际贸易与国际直接投资因素如何通过影响技术进步，从而影响产业结构演进？关于这方面的分析需要构建相应理论模型，在现有理论模型构建研究成果的基础之上，分析国际贸易与国际直接投资通过影响技术进步，从而影响产业结构演进方面的文献。经验实证分析可以用来验证理论模型分析得出的结论，通过构建相应计量模型，验证理论模型得出的结论。本书基于中美两国的产业结构演进中的相应数据，构建了相应计量模型，以验证理论模型得出的结论。同时，本书选择美国作为比较对象，主要是由于美国作为世界上最大的发达国家和最大的经济体，其经济发展过程中的经验与教训，值得我们参考借鉴。

二、相关概念

与产业结构演进密切相关的是一些重要的产业概念，理解这些概念对

---

① 工业和信息化部，https：//www.miit.gov.cn.

于产业结构的研究具有十分重要的意义。

（一）产业结构

在英文当中，"industry"一词可以泛指"产业""工业""行业"，而在汉语当中，"产业""工业""行业"代表的是不同所指，针对不同的研究目的，我们需要对产业的概念做出一个界定。众所周知，"产业"一词与人类社会的生产活动有着紧密联系，可以说，产业是人类生产力发展到一定阶段，伴随着社会化大分工而形成的一种生产组织集合。人类社会发展到今天，参与生产的主体、投资生产的要素、采用生产的方式、产出的产品或服务都呈现出越来越多样化的特征，因此产业的内涵得以不断丰富，产业的外延则得以不断扩充。也正是因为如此，在西方经济学中，针对产业内涵的界定，不同时期的经济学家之间，同时期的不同经济学家之间，对于产业的定义都是不同的。近现代西方经济学对于产业的界定更为宽泛，不再局限于物质生产部门，更不再有意识形态的限制，产业成为构成国民经济的要素。总之，当前我们所指的产业应该是一个在某方面具有相似特点并且依照一定标准来划分归类的企业集合。对于产业的定义为开展经济分析提供了新的思路，也正是在产业研究的基础之上，逐渐诞生了产业结构的概念。对于产业结构的概念，目前较为公认的说法是产业结构专指各个产业之间的关系结构，它是各个产业在其经济活动的过程中形成的技术经济联系与联系方式，也是各个产业之间的构成情况、相互联系及所占比例的关系。产业结构在国民经济发展中有着十分重要的地位，与经济增长、经济周期和资源利用效率均有密切的关系。各个产业部门的构成、联系和比例关系各不相同，对经济的贡献也不相同。①

（二）产业结构演进

产业结构演进是指国民经济中各产业自身的结构从低级别到向高级别转化的一种趋势，而产业级别的高低主要靠生产过程对各种资源和科学技

---

① 张辉. 中国经济增长的产业结构效应和驱动机制［M］. 北京：北京大学出版社，2013.

术的依赖程度来阐明。各国产业结构的演进过程，一般的演进趋势是：第一产业在国民经济中的比重不断降低，第二产业在国民经济中的比重迅猛增加并在后续较长时期内趋于稳定，与此同时，第三产业所占比重呈现出不断上升的态势。在此过程中，传统行业逐渐被新兴行业所取代，新兴行业不断脱颖而出，第三产业所占的比重越来越大。此类趋势是大部分国家产业结构演进的普遍规律。

（三）产业结构演进分析

由于产业结构演进的复杂性，对产业结构演进的分析可以从不同的层面和角度展开，因而产业结构演进分析的内容非常丰富。

1. 产业结构演进趋势分析

产业结构演进趋势分析主要研究伴随着经济发展而呈现出的产业结构演进规律，这种产业结构的演进规律往往需要几个较长的经济发展周期才能够得以体现，需要通过合理的预测去揭示产业结构发展变化的一般规律。不难看出，此类研究主要采用统计归纳的方法，在大量收集结构变动的原始数据的基础之上，进行截面分析和历史分析，统计出产业结构变动的一般趋势。因此大量可靠的历史数据收集，以及长期的整体把握归纳能力成为此类研究过程中的关键。

2. 产业结构演进机理分析

产业结构演进机理分析主要研究产业结构变动的约束条件、动力机制和演化结果，揭示在特定约束条件下产业结构变动的内在逻辑和基本方向。此类分析一般采用规范研究和实证分析相结合的研究方法，即在提出产业结构动力机制的基础上，加入不同国家的约束条件和相关影响的变量，比较分析不同国家产业结构变动的基本方向，以及这种方向变动的合理性，此类研究的关键点在于所建立的实证模型的合理性和可靠性。

总的来看，以上研究产业结构演进的方法虽然都是以产业结构为研究对象，但它们并不是同一层次上的分析。从研究的逻辑结构上看，趋势分析是归纳性分析，机理分析是演绎性分析，现象分析是描述性分析。从研究的空间范围和时间跨度上看，趋势分析是宏观分析和高层次分析，机理分析是中观分析和中层次分析，现象分析是微观分析和低层次分析。从分析内容看，趋势分析是产业结构演进的一般规律分析，机理分析是产业结构演进的动力机制分析，现象分析是产业结构演进的问题分析。①

基于以上产业结构演进比较分析的基本类型，本书对中美产业结构演进比较分析的角度和内容也有了初步界定。在研究范围和时间跨度方面，本书主要涉及的是产业结构演进在中国逐渐从计划经济过渡到市场经济之后的产业结构变动，着重研究的是在 2001 年中国加入世界贸易组织之后，中国产业结构和美国产业结构的变动情况。在研究内容方面，本书研究所关注的是，中国经济自计划经济向市场经济转变时，是哪些原因促使产业结构发生调整，这种产业结构变动的原因是否可持续，如何解决这些问题来推动产业结构向着更加合理化的方向发展。总之，对于中美产业结构演进的比较研究，大体上应该归属于产业结构演进比较分析基本类型中的产业结构变动机理分析和产业结构变动的现象分析。

第二节 理论意义与现实意义

一、理论意义

一是扩展经济改革与发展研究的理论视野。21 世纪全球开始进行后工业化经济改革，"调结构"是中国面临的主要任务之一，要促进过剩产能的有效化解，促进产业优化重组，研究不同历史时期产业结构管理、布局是如何适应当时社会发展需要以及促进经济增长的，将有助于扩展中国经济深化改革与发展的理论视野。

二是挖掘中美两国产业结构演进的内涵机理。对比分析中美在第一、第二、第三产业内部的产业结构演进轨迹及其产业同构的可能性，通过产

---

① 李曙光. 中国和俄罗斯产业结构演进比较分析 [D]. 沈阳：辽宁大学，2012.

业结构演进的驱动因素影响分析，进一步挖掘产业结构演进与国际贸易、国际直接投资的关系，同时也探索两国产业结构演进中技术进步的异同。

三是丰富产业演进理论研究。中美两国产业结构演进驱动因素是怎样通过影响技术进步，进而影响产业结构演进的，关于这方面的研究需要通过构建相应理论模型来进行。本书通过构建相应理论模型，研究驱动因素如何通过影响技术进步，从而影响产业结构演进，进一步充实了产业结构演进理论。

二、现实意义

一是有助于解决我国产业结构"怎样调整"的问题。本书将中美产业结构演进历程、路径及趋势等做了比较，也找出了我国产业结构演进中存在的问题，可以为政府相关部门提供决策参考，进一步缩小中美两国经济发展差距。

二是可以为产业结构调整、国际交流提供不同类型的产业发展资料。中美两国的产业结构演进表现出非常不同的特征和内容。探索中美两国产业结构演进历程、基本逻辑和内在规律，可供政府相关部门工作人员、经济学者研究使用。

三是有助于充分认识中美经贸摩擦效应。通过对中美两国产业结构演进的比较研究，为我国产业结构调整升级提供可能的理论支撑，从而揭示美国率先引发中美经贸摩擦的本质。美国企图以"美国优先"的理念重整国际政治经济秩序，以经贸摩擦为切入点和手段打断中国复兴之路。经贸摩擦本身没有赢家，但是经贸摩擦会有溢出效应，这个溢出效应首先体现在政治收益上，其次表现为经济发展和产业结构调整升级的路径选择要有针对性。

第三节　相关理论基础及研究现状评述

产业结构理论是由社会再生产过程中发展而来的经济学理论，产业结构的思想渊源可以追溯到 17 世纪，国内外学者对产业结构理论展开了大量的研究，也产生了丰富的研究成果。

一、国外研究现状评述

产业结构理论发端于西方资本主义国家，产业结构理论的发展为西方资本主义的经济发展奠定了相关理论基础。整个资本主义经济的发展历史，都伴随着西方经济学的不断发展，其中产业结构演进及调整的相关理论也在不断发展进步。

（一）西方产业结构理论

从现有的经典文献资料来看，目前专门针对产业结构的研究不多，大多文章主要研究的是产业结构和经济增长之间的关系。自产业结构的概念诞生以来，不少著名西方经济学者都对产业结构与经济增长之间的关系进行了实证分析，认为二者之间存在互相促进的关系，即产业结构会促进经济增长，而经济增长也会对产业结构产生影响。产业结构演进历程涉及供给、需求、国际贸易、国际投资和政策、市场等因素，在一定时期、一定程度内，这些因素可能成为产业结构调整的诱因。因此，产业结构变化必须对此予以考虑。[①] 在此我们先介绍具有代表性的产业结构演进和调整优化的理论。

1. 产业结构演进理论

（1）配第—克拉克定理。

威廉·配第（William Petty，1672）认为，世界各国国民收入水平差异的主要原因在于产业结构的不同，并且由于一国内各产业之间存在国民收入回报的不同，会使得劳动力从较低国民收入回报的产业向较高回报的产业转移，这一现象被称为"配第定理"。此后英国经济学家克拉克（Colin Clark）基于配第定理，将不断提高的人均国民收入水平置于时间

---

① 张平，王树华. 产业结构理论与政策 [M]. 武汉：武汉大学出版社，2009.

序列下，观察在经济发展过程中劳动力在各产业中的分布情况。除此之外，克拉克还解释了劳动力在不同的产业之间轮换的原因，即经济发展过程中各产业之间出现的收入（或者称之为附加值）之间存在着差异。克拉克基于配第定理的研究被学界称为"配第—克拉克定理"。

（2）库兹涅茨法则。

著名经济学家库兹涅茨（Simon Smith Kuznets，1941）通过将人均国民收入与产业结构演进两者相结合，全面考察了产业结构变动和经济发展之间的内在关系，他认为经济增长是国民经济各部门协同发展的结果，这就涉及了各产业之间和内部的协调发展。此外，库兹涅茨还开创性地提出了产业结构演进的驱动力是"比较劳动生产率"的观点，进一步验证了配第—克拉克定理。

（3）雁行形态理论。

日本经济学家赤松要（Kaname Akamatsu，1932）认为，产业结构演进的另一个重要因素在于产业发展需要与国际市场相适应，雁行形态理论将本国产业的发展与国际市场紧密结合，使产业结构具有了国际化的特征。20世纪80年代后期，雁行理论又得到了进一步扩展，比较具有代表性的学者是小岛清（Kiyoshi Kojima），其结合国际贸易中的比较优势理论，将对外投资因素加入雁行理论的研究当中，发展出了一个新的阶段，即本国生产和出口衰退与海外生产和从欠发达国家进口增加相结合的阶段。

（4）俄林的要素禀赋理论和里昂惕夫的反论。

瑞典经济学家俄林（Bertil Ohlin，1931）在《域际贸易和国际贸易》一文中提出了要素禀赋的理论，他认为生产要素禀赋的差异产生了比较成本差异。因此他提出各国应依据本国的比较优势来生产有优势的商品，然后通过自由贸易重新调整分配各国的生产要素，以达到国际各种商品价格的均等化。该理论的提出，进一步完善了比较成本学说理论。而美国经济学家里昂惕夫（Wassily Leontief）用投入产出法，对第二次世界大战后美国的对外贸易发展情况进行了检验分析，得出了与俄林的观点相反的结论。

（5）钱纳里的"发展型式"理论。

美国经济学家钱纳里将开放经济条件下的产业结构理论，进行了规范化和数学化，提出了"发展型式"理论。他认为，在国民经济的发展中，资本和劳动力供给的替代弹性保持不变。通过这个理论的研究，钱纳里进一步发展了柯布—道格拉斯的生产函数理论。他指出，在经济发展中产业结构会发生变化，在对外贸易中初级产品出口会不断减少，而将逐步实现进口替代和出口替代的情况。

2. 产业结构调整理论

（1）刘易斯"二元"模型理论。

经济学家刘易斯（William Arthur Lewis）于 1954 年提出了"二元"模型理论。刘易斯假设工业的边际生产率要远远高于农业，在这种情况下，工业可以从农业中获得廉价劳动力的无限供给，从低廉的劳动力供给价格和边际劳动生产率中获取巨额利润。按照二元结构转变理论，经济的发展就是要扩大工业生产部门，缩小传统农业生产部门，因此发展中国家可以利用劳动力丰富的优势加速经济发展。

（2）罗斯托的主导产业扩散效应理论。

美国经济学家罗斯托（Walt Whitman Rostow，1998）认为主导产业在国民经济中占据主要地位，与其他产业部门的发展存在着直接或间接的关系，正是主导产业的扩散效应使得产业结构内部发生调整，最终影响到了三次产业结构及经济的发展。罗斯托将经济增长划分为六个阶段，以"大众消费阶段"之后的"追求生活质量阶段"为例，罗斯托认为人们对消费品的需求不再是耐用品，而是高质量、健康、有机的产品，这推动了主导产业之间的轮换。

（3）克鲁格曼的新贸易理论的产业结构调整。

美国经济学家保罗·克鲁格曼（Paul R. Krugman）的新贸易理论认为，由于发达国家拥有比较优势的产品大多属于那些规模收益递增的行业，发达国家通过贸易不仅可以获取比较利益，还可以获得规模经济带来的好处。对于后进国家，情况则大不相同，贸易引起的竞争导致了后进国家福利及效率的损失。在自由贸易条件下，发达国家从国际贸易中获得了较高的收益，而后进国家是否获得福利，则视该国参与国际贸易的程度及其他非经济因素的综合影响而定。

（二）经济全球化理论综述

在当前的经济全球化研究中，主流的理论研究范式可分为三大类，分别是马克思主义经典经济学家的经济全球化理论范式、古典或新古典经济学家的经济全球化理论范式、当代经济学家的经济全球化理论范式。这里仅简要介绍一下马克思主义经典经济学家和当代经济学家的经济全球化理论范式。

1. 马克思主义经典经济学家的经济全球化理论范式

对于经济全球化最早的研究可追溯到 19 世纪四五十年代，马克思和恩格斯在《德意志意识形态》《共产党宣言》《资本论》等著作中最早发现和考察了经济全球化的问题。例如，马克思在《德意志意识形态》中说道，生产力的这种发展（随着这种发展，人们的世界历史性而不是地域性的存在同时已经是经验的存在）之所以是绝对必要的实际前提，还因为如果没有这种发展，那就只会使贫困、极端贫困普遍化；而在极端贫困的情况下，必须会重新开始争取生活必需品的斗争，也就是说，全部陈腐污浊的东西又要死灰复燃。生产力的这种发展之所以是必需的实际前提，还因为，只有随着生产力的这种普遍发展，人们的普遍交往才能建立起来；普遍交往，可以产生在一切民族中同时都存在着"没有财产的"群众这一现象（普遍竞争），使每一民族都依赖于其他民族的变革；地域性的个人为世界历史性的、经验上普遍的个人所替代。[①] 恩格斯则在其著作《共产主义原理》中指出，单是大工业建立了世界市场这一点，就把全球人民，尤其是各文明国家的人民，彼此紧密地联系起来，致使每一国家的人民都受着另一个国家的事变的影响。[②] 世界市场建立的过程中具有剥削、掠夺、不平等的特征，这使得经济全球化逐渐加深了阶级矛盾和民族矛盾。

2. 当代经济学家的经济全球化理论范式

当代经济学家的经济全球化理论范式，大体可分为新自由主义派的经济全球化理论、怀疑派的经济全球化理论、秩序派的经济全球化理论三个

---

① 马克思，恩格斯. 马克思恩格斯全集（第一卷）[M]. 北京：人民出版社，1995.
② 马克思，恩格斯. 马克思恩格斯全集（第四卷）[M]. 北京：人民出版社，1972.

方向。新自由主义派的经济全球化理论以奥梅（K. Ohmae）和格里德（W. Grieder）为代表，二者的观点与新古典主义学派的观点有很大的相似之处，其认为经济全球化的过程是世界资源实现优化配置的过程，各个国家从长远来看都能在经济全球化中寻找到自身发展的利益。因此，新自由主义学派的政策主张强调市场化的作用，认为世界市场会使资本、技术、信息等生产要素实现国际的最优配置，由此形成新的国际劳动分工格局，并鼓励国与国之间的自由贸易，认为自由贸易有利于发挥各国的比较优势，从而推动国内和世界经济的不断增长。怀疑派的经济全球化理论以赫斯特（P. Hisrt）和汤普森（G. Thompson）为代表，其主要观点集中于两个方面：一方面，其认为当前的经济全球化有过分"夸大"地域的成分在其中，即目前的全球化只能称之为区域的全球化或者说是发达国家之间的国际化，而这种实际意义上的全球化却是一种"逆全球化"，因为它逐渐表现出了排他性、封闭性、保护性的特征。此外其还否定了在全球化背景之下国家功能弱化的观点，认为当前国与国之间的经济合作几乎都是由政府主导或者推动的，政府在国际贸易和国际投资中起着十分重要的作用。另一方面，该理论认为全球化并未使南北差距减弱，反而使得更多发展中国家处于经济全球化的边缘。吉登斯（Anthony Giddens）是经济全球化理论秩序转型派的代表之一，他的观点是，全球化是对国际外交和国内内政秩序的一种重塑，经济全球化的推动力是强大并且充满变数的，因此，它已经逐渐成为一个国家或一个地区在经济发展中不得不考虑的重要因素。[①]

二、国内研究现状评述

尽管我国在前几个五年计划发展的纲要中，大量提及"农业、轻工业、重工业"的发展关系，但从严格意义上来说，改革开放之前受制于国

---

① 吴志鹏，方伟珠，陈时兴. 经济全球化理论流派回顾与评价 [J]. 世界经济研究，2003（01）：29-33.

内经济基础薄弱、社会政治动荡以及苏联建设社会主义经验的影响，这一阶段我国还没有独立正式的"产业结构"研究一说。改革开放以后，我国从计划经济转向市场经济，西方经济学中的产业结构理论、产业政策理论、产业演进模型等对我国产业结构的建立产生了一定影响。随着市场经济改革的不断深化及国际贸易的不断发展，我国产业结构研究的理论体系逐渐走向成熟和完善。

（一）对产业结构、经济结构变化的分析

20 世纪 80 年代后期，我国的经济发展已具备了一定的基础，有关产业结构与经济发展的研究文献开始增多，这些文献都强调了第二产业和产业政策引导的重要性。国内学者开始完成了产业结构研究的理论范式转换，由主要研究发达国家的产业结构逐渐转向研究产业结构与经济增长、经济周期、对外贸易等之间的关系，产业结构研究的重点开始由理论向实证分析转变。90 年代后，新的产业结构理论研究范式被全面采用，运用产业结构理论结合国内外相关统计数据来分析产业结构的文献开始增多，并得出了一系列产业结构演进方面的成果，诸如工业是我国国民经济的主导产业，是经济增长的原动力，以及产业政策对于产业结构甚至经济发展重要性的观点。① 当时中国的产业结构中，工业的生产率较高，农业的劳动生产率低并存在大量的剩余劳动力，而造成这种现象的主要原因是中国长期以来推行重化工优先发展的战略，将庞大的农村人口隔离在工业化进程之外，以及人口增长过快但城市化滞后。②

进入 21 世纪后，产业结构演进方面的研究呈现出了蓬勃发展的态势。李博和胡进（2008）③、薛白（2009）④ 都认为，产业结构调整与经济增长的关系，可以通过"大道定理"对产业结构的高度化和均衡化的关系表现

---

① 李长明. 产业结构与宏观调控 [J]. 数量经济技术经济研究，1994（12）：27 – 39.
② 李京文. 中国产业结构的变化与发展趋势 [J]. 当代财经，1998（05）：12 – 21.
③ 李博，胡进. 中国产业结构优化升级的测度和比较分析 [J]. 管理科学，2008（02）：86 – 92.
④ 薛白. 基于产业结构优化的经济增长方式转变：作用机理及其测度 [J]. 管理科学，2009（05）：112 – 120.

出来。李惠媛（2010）认为，产业结构演进的本质是在合理化基础之上的高级化；产业结构的高级化需要以产业结构均衡化为基础，如果没有各产业之间的均衡发展，产业结构高度化对于经济发展的意义不大，只是虚高度化。① 彭宜钟、李少林（2011）认为，各个产业在生产过程中最优的模式应该是：各产业对生产要素进行充分有效的配置；对生产要素的需求和使用量都达到了利润最大化目标所要求的最大程度；各产业所选择的产量都能实现其利润最大化；代表性行为人按照跨期效用最大化原则来安排每一种产品的消费和投资；每一个产业的产出在被消费和用于再生产之后没有剩余。② 乔晓楠、张欣（2012）运用配第—克拉克定律的思想，研究了美国的产业结构演进。③ 常浩娟、王永静（2014）通过研究中国产业结构的演进对经济增长的影响，阐述了在改革开放前后不同的经济体制下，经济增长和产业结构变化所表现出的较大差异。④ 王海涛、谭宗颖（2014）认为，格兰杰（Granger）因果检验结果表明，中美两国的产业结构与研发投入表现出不相似的规律性，美国研发投入可以在很大程度上促进产业结构高级化，而中国的研发投入对产业结构高级化的影响很小。⑤ 刘淑茹、徐丽丽（2014）认为，中国第一产业比重持续下降，但比重和结构偏离度仍然偏高；第二产业产值比重趋于稳定，但是制造业尚位于价值链的中低端；第三产业存在比重偏小、内部结构发展不完全等问题。⑥

张亭、刘林青（2016）认为，中国产业结构的调整升级主要是依赖现有要素禀赋的积累，遵循比较优势，实现渐进式发展路径；而美国是偏离

① 李惠媛. 基于面板数据模型的我国产业结构优化升级的影响因素分析 [D]. 杭州：浙江大学，2010：23 - 31.
② 彭宜钟，李少林. 辽宁省最优产业结构测算 [J]. 财经问题研究，2011（12）：28 - 34.
③ 乔晓楠，张欣. 美国产业结构变迁及其启示反思配第—克拉克定律 [J]. 高校理论战线，2012，32 - 42.
④ 常浩娟，王永静. 产业结构变动对我国经济增长影响的实证分析 [J]. 科技管理研究，2014（07）：110 - 114.
⑤ 王海涛，谭宗颖. 科研投入与产业结构的影响关系研究：以中国和美国为例 [J]. 科技管理研究，2014（24）：33 - 36.
⑥ 刘淑茹，徐丽丽. 中美产业结构发展状况比较分析 [J]. 工业技术经济，2014（10）：41 - 48.

现有比较优势，利用现有的要素禀赋塑造新的比较优势的跨越式发展路径；中国作为制造大国，与制造强国美国的制造业竞争力存在一定的差异，存在发展的机会窗口。① 文玉春（2017）认为，产业要迈向中高端水平，迫切需要解决三大难题：在中短期内实现中长期过程的升级、实现无衰退的升级、在"有效的市场"和"有为的政府"的共同作用下实现升级。② 王国平（2017）认为，在产业升级过程中，一方面，要注重优化基础设施的总体布局，积极稳妥地处理总量、结构、技术、管理和制度等突出问题，促进总体布局与产业结构升级的动量均衡；另一方面，应着眼于基础设施发展的新形态，拓展新动能、新空间，使产业结构升级真正成为与基础设施创新互动的过程。③ 刘新建、张强（2017）认为，中美产业结构的总体差异，首先是最终需求结构的差异引致的，其次技术结构差异也起到了很大作用，不同部门的主要影响因素差别较大，同一部门除了受主要因素影响外，受到一些次要因素与因素间的协同影响也很明显。④ 郭树华等（2018）认为，通过美国产业结构演进的总体趋势看，中国应该增强技术创新、扩大对外开放、引导产业转型升级，提高产业供给效率和质量，同时应注重各产业之间以及各产业内部的协调平衡发展，这将是中国未来产业结构优化的总体方向，也是中国经济实现由高速增长向高质量发展转变的必然要求。⑤

（二）国际贸易和国际直接投资对产业结构演进影响的研究

1. 国际贸易对产业结构演进的影响研究

进入 21 世纪，产业结构的理论研究有了新的方向，开放经济条件下

---

① 张亭，刘林青. 中美产业升级的路径选择比较：基于产品空间理论的分析 [J]. 经济管理，2016（08）：18 – 28.

② 文玉春. 经济新常态下我国产业演进升级的路径选择研究 [J]. 现代管理科学，2017（05）：109 – 111.

③ 王国平. 论产业升级的基础设施环境 [J]. 科学发展，2017（07）：32 – 39.

④ 刘新建，张强. 基于多因素多阶影响分析的中美产业结构差异分析 [J]. 燕山大学学报（哲学社会科学版），2017，18（01）：61 – 71.

⑤ 郭树华，包伟杰. 美国产业结构演进及对中国的启示 [J]. 思想战线，2018（02）：93 – 100.

的产业结构演进研究成为这一时期的背景。王丽萍（2000）认为，发展国际贸易，能充分发挥一国的资源优势，实现产业结构的优化升级。① 姬沈育（2001）也认同国际贸易对产业结构的积极影响，其认为国际贸易能够解决国内需求不足所带来的产能过剩，能够引进国外先进技术并促进技术进步和创新发展，有助于优化产业结构所需的制度创新，为产业结构优化提供信息和方向。② 郭克莎（2003）认为，此前我国处于工业化的中期，中国加入世界贸易组织之后，工业化步入了新时期，选择新兴主导产业和促进工业结构升级，成为工业化新时期中的重要内容。③

王菲（2011）依据比较优势理论，确定了产业结构的优化目标，通过普通最小二乘（OLS）估计法，研究了产业结构和贸易结构的综合效应，从整体上解释了产业结构与贸易结构在结构优化过程中的互动关系。④ 康增奎（2016）认为，对外贸易对我国产业结构的升级具有显著的正效应。⑤ 王思格（2016）认为，为了促进地区的发展，需要进一步加强产业政策与对外贸易之间的联系，在这个过程中，需要引进大量的外资，也要充分体现现代科技的价值，从而保障产业结构向高级化方向合理演进。⑥ 袁丹、占绍文、雷宏振（2016）认为，国际贸易与产业结构、产业结构与国内居民消费之间分别有着显著的相互影响的关系。⑦ 胡滨（2018）认为，产业结构是贸易结构的基础，产业结构与贸易结构之间存在着相互影响的关系，对产业结构的调整与升级，可以促进对外贸易结构的调整。⑧ 栾申洲（2018）认为，技术进步与人力资本水平的提升能显著

① 王丽萍. 试析国际贸易对产业结构成长的影响 [J]. 扬州大学学报（人文社会科学版），2000（05）：73 – 76.
② 姬沈育. 优化产业结构的对外贸易分析 [J]. 经济经纬，2001（02）：59 – 62.
③ 郭克莎. 工业化新时期新兴主导产业的选择 [J]. 中国工业经济，2003（02）：5 – 14.
④ 王菲. 中国外贸易结构与产业结构综合效应关系分析 [J]. 统计与决策，2011（01）：132 – 135.
⑤ 康增奎. 对外贸易与产业结构优化 [J]. 开放导报，2016（06）：43 – 46.
⑥ 王思格. 略论对外贸易与产业结构优化的关系 [J]. 对外贸易，2016（02）：20 – 21.
⑦ 袁丹，占绍文，雷宏振. 国际贸易、国内居民消费与产业结构：基于 SVAR 模型的实证分析 [J]. 工业技术经济，2016（08）：100 – 106.
⑧ 胡滨. 中国对外贸结构与产业结构的相互关系研究 [J]. 国际贸易，2018（10）：11 – 12.

地促进产业结构优化升级，因此引进外资对于产业结构优化具有一定的促进作用。[①] 邓平平（2018）通过研究对外贸易、贸易结构与产业结构优化，得出了与栾申洲一致的结论。[②]

2. 国际直接投资对产业结构演进的影响研究

林毅夫在 20 世纪 90 年代的研究认为，国际直接投资直接创造了就业，或者通过使用本地区的中间投入产品，而间接地创造了就业。石薇（2006）从作用机制角度，分析了国际直接投资对产业结构所产生的效应，并分别对国际直接投资向第二产业、第三产业投资所产生的结构效应和影响因素做了实证分析。赵晋平（2001）从多角度对改革开放以来，中国外资利用与经济增长方面做了系统的实证研究，验证了国际直接投资在促进区域产业结构调整升级方面的作用。[③] 赵晋平进一步指出，要保持外资对国民经济增长的拉动作用，必须通过优化产业布局和结构调整来提高国民经济的整体生产效率，弥补经济总量增长趋缓的缺陷。江小涓（2002）认为，从总体上看，外资促进了我国国民经济的持续增长，改变了增长方式，在一定程度上提高了我国经济发展的质量。同时，有效合理地使用外资也促进了我国的技术进步和产业结构的调整升级。[④] 此外，还有一些学者，如王洛林（2000）[⑤]，杨玉明（2000）[⑥]，何映昆、曾刚（2003）[⑦]，潘文卿（2003）[⑧]，张海洋（2005）[⑨]，赖明勇等（2005）[⑩]，陈

① 栾申洲. 对外贸易、外商直接投资与产业结构优化 [J]. 工业技术经济，2018（01）：86 – 92.

② 邓平平. 对外贸易、贸易结构与产业结构优化 [J]. 工业技术经济，2018（08）：27 – 34.

③ 赵晋平. 利用外资与中国经济增长 [M]. 北京：人民出版社，2001：75 – 80.

④ 江小涓. 中国的外资经济 [M]. 北京：中国人民大学出版社，2002：35 – 40.

⑤ 王洛林. 2000 中国外商投资报告 [M]. 北京：中国财政经济出版社，2000：67 – 70.

⑥ 杨玉明. 外商直接投资对我国产业的影响 [J]. 广西市场与价格，2000（04）：30 – 33.

⑦ 何映昆，曾刚. 跨国并购与东道国产业发展 [J]. 世界经济导刊，2003（07）：49 – 53.

⑧ 潘文卿. 外商直接投资对中国工业部门的溢出效应：基于面板数据的分析 [J]. 世界经济，2003（06）：3 – 7.

⑨ 张海洋. R&D 两面性、外资活动与中国工业生产率增长 [J]. 经济研究，2005（05）：107 – 117.

⑩ 赖明勇，等. 外商直接投资与技术外溢：基于吸收能力的研究 [J]. 经济研究，2005（08）：95 – 105.

岩（2011）①等，也进行了国际直接投资与产业发展方面的研究。综合他们的观点，可以得出：在一定程度上，国际直接投资促进了东道国的技术进步，是发展中国家实现产业结构升级的路径之一；东道国应该对国际直接投资进行有效和规范的监管，规划产业结构升级战略，并为国际直接投资创造良好的环境条件。

李晓钟、牟利娜（2011）认为，外资对我国内资工业的发展和内资工业产业结构的提升均产生了一定的积极影响，但仍有进一步提升的空间。②仇怡、吴建军（2012）认为，我国通过对外直接投资渠道获得的国外研发资本存量能给母国带来正的技术外溢效应，但是我国对外直接投资与吸引外商直接投资相比，则发展较为缓慢，因而我国对外直接投资的技术外溢效应相对较低。③俞佳根（2016）认为，我国产业结构升级呈现阶梯式增长态势；不同区域产业结构升级存在差异且差异趋于均衡；各地区产业结构升级存在显著的空间正相关性；产业结构升级核心区域逐渐显现；对外直接投资对产业结构的调整具有很强的影响力；不同区域的产业结构基础以及对外直接投资对产业结构升级的促进效果均存在差异；产业结构升级还受到经济发展水平、能源、资本、劳动力、消费水平、技术进步、国际贸易等因素的影响，且不同时期不同要素对产业结构升级的影响力存在差异；经济发展水平、能源、劳动力等因素对我国产业结构升级的促进作用显著，而外商直接投资和进出口因素对我国产业结构升级的促进作用则不显著。④彭圣致、张文中（2016）认为，外商直接投资主要是通过增加资本存量的方式来推动我国的产业结构优化，技术溢出效应相对较小；金融发展对我国产业结构升级产生了积极影响，其中银行信贷的促进作用尤为明显；保险市场在一定期限内促进了外商直接投资的技术溢出效应，而银

---

① 陈岩. 中国对外直接投资逆向技术溢出效应的实证研究：基于吸收能力的分析视角 [J]. 中国软科学，2011（10）：61-72.

② 李晓钟，牟利娜. FDI 对我国内资工业产业结构升级影响分析 [J]. 江南大学学报（人文社会科学版），2011（05）：86-90.

③ 仇怡，吴建军. 我国对外直接投资的逆向技术溢出效应研究 [J]. 国际贸易问题，2012（10）：140-151.

④ 俞佳根. 中国对外直接投资的产业结构升级效应研究 [D]. 沈阳：辽宁大学，2016.

行市场及股票市场则抑制了这种溢出效应。[①]

　　许晓芹（2017）研究了对外直接投资与我国的产业升级之间的关系，认为对外直接投资规模越大的省份，其产业结构升级的效果越明显。[②] 李双（2018）认为，短期内我国对外直接投资（OFDI）会促进产业结构调整，但是随着我国产业的过度转移，则会产生"产业空心化"的负面影响；不管是金融发展规模指标还是效率指标，当它们作用于OFDI时，在较长时间段内都会影响产业结构的调整；随着时间的推移，在外部因素的冲击下，金融规模和金融效率在影响 OFDI 产业结构调整效应中的贡献会持续增加，而且金融发展规模对 OFDI 产业结构调整效应影响的贡献会远远高于金融发展效率，这主要是基于我国金融规模存量不断增加、融资渠道不断拓展、金融效率亟待进一步提升的事实所做出的预测。[③]

（三）关于经济全球化与产业结构的研究

　　张宝珍（1998）是较早提出在经济全球化背景下需要关注产业结构的学者，其认为随着经济全球化的进展，世界正展开新一轮的产业结构调整，而以信息技术为基础的服务业将会是世界产业结构调整中的"主力军"，中国应该利用世界产业结构调整的机遇，加强高新技术产业的发展，并积极承接来自发达国家的产业技术转移。[④] 陆宁（1999）则更进一步指出，经济全球化使得美国等发达国家以提供高科技信息产品及知识服务产品占据了国际分工格局的顶端。[⑤]

　　李文溥、陈永杰（2003）提出了国内产业结构的演进自 1978 年之

　　① 彭圣致，张文中. 金融发展、外商直接投资与产业结构优化的实证检验 [J]. 金融与理财，2016 (30)：69-72.

　　② 许晓芹. 中国 OFDI 对产业结构升级的影响研究 [D]. 长春：吉林大学东北亚研究院，2017.

　　③ 李双. 金融发展对 OFDI 产业结构调整效应的影响研究 [D]. 济南：山东师范大学，2018：49.

　　④ 张宝珍. 经济全球化需要研究的十大问题 [J]. 世界经济，1998 (09)：27-31.

　　⑤ 陆宁. 国际竞争环境的变化与中国产业结构调整 [J]. 北京科技大学学报（社会科学版），1999 (03)：17-22.

后呈现出"U"型轨迹的假说,并通过全国各省份主要工业品产品产量、资本、劳动比率的时间序列数据进行了验证,在此基础上比较了"U"型轨迹与同期的政府产业政策之间的关系,得出我国近 20 年来产业结构的演进与相应时期的产业结构政策之间不存在密切的因果关系的结论。[①] 刘春玉、杨惠馨(2005)分析了经济全球化对一国产业结构演进的影响。[②] 周维富(2010)认为,经济全球化为我国吸引外资加快产业结构调整升级提供了契机;为我国企业有效利用国际资源、提供技术支撑、承接服务外包,推动产业结构调整升级均提供了机遇;同时也带来了诸多的挑战。[③] 徐建伟等(2012)也提出了大体类似的观点,其认为经济全球化对我国的产业结构演进有着深远的意义和影响。具体而言,这种结构迁移共发生过两次,一次是外资与出口驱动下的结构演进,另一次则是分工格局锁定之后的演进。对于经济全球化对我国产业结构的影响,徐建伟提出了相反的观点,其认为长期以来的技术进口导向严重削弱了产业自主创新能力,且在全球价值链分工的趋势下,关键设备与核心零部件的进口依赖越发严重,此外,跨国公司的扩张削弱了本土企业在结构升级中的主动性,低端的出口导向发展模式也导致产业升级滞缓。关于经济全球化背景下的产业结构演进研究,大体可分为倾向于持积极态度和持消极态度的两种观点,但关于经济全球化对于国内产业结构影响的途径大体都达成了共识,即在经济全球化背景之下外部因素如国际贸易、外商直接投资、跨国公司、跨国资本市场等都会对国内产业结构的演进产生重要影响,因此需要抓住经济全球化过程中的有利因素,并使这些因素有效地促进国内产业结构的优化升级,最终使产

---

① 李文溥,陈永杰.经济全球化下的产业结构演进趋势与政策 [J].经济学家,2003 (01):50-56.

② 刘春玉,杨惠馨.产业集聚与经济增长的"后向连接"效应分析 [J].理论学刊,2005 (10):49-50.

③ 周维富.经济全球化发展新态势对我国产业结构优化升级产生的影响 [J].国际贸易,2010 (02):23-30.

业结构沿着更高级的方向演进。①

高小方（2016）认为，经济全球化促使贸易和生产方式发生了新的变化，也加快了产业结构的调整升级，提高了在全球价值链中的地位，进一步加强和巩固了我国在世界经济中的地位，同时也带来了挑战。② 徐建伟（2013）研究了产业结构的测度，认为产业结构测度是一个多维、多层次、动态、可分解的过程；全球化对产业结构有着深刻的影响，改变着产业结构的内涵和进程，对未来发展具有不同方向上的升级指向性。③徐建伟（2014）还认为，经济全球化对我国产业结构产生了重大影响，当前我国产业结构面临着全球结构失衡、外资撤离与回流、外需萎缩与转移、新一轮产业革命兴起等新挑战，未来我国产业结构升级需要进行要素、市场、技术和企业等方面的调整。④ 王秀双（2016）认为，在经济全球化背景下，国际直接投资已成为重要的知识和技术转移的载体，在国民经济发展中发挥着重要作用，对我国产业结构的调整升级起到了重要作用。⑤

（四）利用 VAR 模型等研究成果

魏作磊（2006）利用一个扩展的 C - D 生产函数测算了外商直接投资（FDI）对我国农业、工业和服务业产值增长的作用，进一步探讨了 FDI对我国产业结构演变的作用。⑥ 于泽等（2014）从需求与供给的角度探讨了我国结构转型的影响因素，结果发现需求中的收入因素与供给中的资本

---

① 徐建伟，葛岳静，胡志丁. 比较优势、国际分工与发展战略 [J]. 经济地理，2012，32（05）：16 - 22.

② 高小方. 经济全球化新趋势与中国的新对策 [J]. 今日财富，2016（14）：10 - 11.

③ 徐建伟. 全球化条件下产业结构调整升级测度的新变化 [J]. 中国经贸导刊，2013（13）：34 - 37.

④ 徐建伟. 当前我国产业结构升级的外部影响及对策 [J]. 经济纵横，2014（06）：56 - 62.

⑤ 王秀双. 全球化背景下外商直接投资与中国产业结构优化 [J]. 经营管理者，2016（31）：259.

⑥ 魏作磊. FDI 对我国三次产业结构演变的影响：兼论我国服务业增加值比重偏低现象 [J]. 经济学家，2006（3）：61 - 67.

因素对我国产业结构升级的作用较大。[1] 崔焕金、刘传庚（2014）发现在全球价值链的驱动下，我国产业结构演进的同时，也明显偏离了标准形式，为此也提出了相应的对策。[2] 汪行、范中启（2017）[3]，赵芳菲、秦颖（2018）[4] 建立了 VAR 模型，分析了技术进步、产业结构与能耗强度之间的关系。张长征、吉星（2018），通过构建模型实证分析了技术进步率异质性等因素对产业结构变化的作用影响。[5]

近年来，关于产业结构的研究呈现出多样化的特征，例如，李小玉等（2011）[6]、沈正平（2013）[7]、王立新（2014）[8] 等进行了产业结构与城镇化及城乡收入差距的研究。伍海华等（2001）[9]、林毅夫等（2003）[10]、姚华等（2016）[11]、毛克贞、孙菁靖、宋长键（2017）[12] 等对于产业结构与金融发展进行了研究。

总的来看，我国产业结构理论的研究发展过程，从深度和广度上

① 于泽，章潇萌，刘凤良. 中国产业结构升级内生动力：需求还是供给 ［J］. 经济理论与经济管理，2014（03）：25–35.

② 崔焕金，刘传庚. 全球价值链驱动型产业结构演进机理研究 ［J］. 经济学家，2012（10）：88–96.

③ 汪行，范中启. 技术进步、产业结构与能源强度关系研究：基于 VAR 模型的分析 ［J］. 数学的实践与认识，2017（8）：66–70.

④ 赵芳菲，秦颖. 基于 VAR 模型技术进步、产业结构与能耗强度关系研究 ［J］. 中小企业管理与科技，2018（7）：193–196.

⑤ 张长征，吉星. 技术进步率对产业结构调整影响的实证检验 ［J］. 统计与决策，2018（6）：136–139.

⑥ 李小玉，郭文. 基于面板数据的中部地区产业结构与城乡收入差距关系的实证研究 ［J］. 企业经济，2011，30（12）：136–141.

⑦ 沈正平. 优化产业结构与提升城镇化质量的互动机制及实现途径 ［J］. 城市发展研究，2013，20（05）：70–75.

⑧ 王立新. 经济增长、产业结构与城镇化：基于省级面板数据的实证研究 ［J］. 财经论丛，2014（04）：3–8.

⑨ 伍海华，张旭. 经济增长·产业结构·金融发展 ［J］. 经济理论与经济管理，2001（05）：11–16.

⑩ 林毅夫，章奇，刘明兴. 金融结构与经济增长：以制造业为例 ［J］. 世界经济，2003（01）：3–21.

⑪ 姚华，宋建. 中国金融发展与产业结构升级协整关系的多指标交叉检验 ［J］. 湖南大学学报（社会科学版），2016，30（01）：76–82.

⑫ 毛克贞，孙菁靖，宋长键. 基于 VAR 模型的产业结构、消费结构变动与经济发展 ［J］. 江西理工大学学报，2017，38（04）：44–51.

都在不断扩大，与现实的结合也越来越紧密，从最初的"两大部类"和"农、轻、重"关系的研究转变为"三次产业"层次的研究，由以定性分析为主的研究转变为定量实证的研究，现实意义也更加明确。除此之外，产业结构相关研究成果也越来越多，理论体系更加趋于完善和成熟。

（五）关于美国产业结构的研究

国内学者对于美国产业结构的演进一直以来都有着高度的关注，若按研究深度细分，则现有文献主要集中在数据分析研究和模型分析研究两方面。

1. 数据分析研究

20 世纪 80 年代中后期至 21 世纪初期这一阶段的文献以对美国经济数据的分析为主，研究深度还停留于数据表面。李骏阳（1982）是较早研究美国产业结构的国内学者，其通过大量的文献梳理和以棉织品、煤产量、生铁产量的增长率及其占比等数据为支撑，认为美国工业化的开始时间为 1808 年到 1814 年，完成工业化的时间在 1920 年左右。[①] 黄苏（1986）认为，美国当时的经济正在"软化"，即以服务业为代表的第三产业正在快速发展，从增加值占比而言有赶超第二产业的趋势。其认为造成这种现象的原因在于硬产业中的劳动生产率在稳步提高，为软产业的发展提供了可能，加之美国人消费需求的变化，客观上加速了软产业的发展。[②] 龚慧峰（1985）认为，20 世纪 80 年代美国的产业结构调整的特点是：第三产业与高技术产业发展迅速，制造业设备也进行了普遍改造。[③] 尚鸿（1997）同样分析了美国 20 世纪 80 年代前后的产业结构，认为其出现调整的原因在于科技进步，不仅生产出新产品、催生了新的行业，更使得劳动力、资金、生产资料向产出更高效的部门转移。加之需求

---

① 李骏阳. 美国工业化起讫时间的探讨 [J]. 兰州大学学报, 1982 (04)：123 – 131.
② 黄苏. 战后美国产业结构变化的主要趋势 [J]. 世界经济, 1986 (06)：75 – 79.
③ 龚慧峰. 八十年代美国产业结构调整的特点与前景 [J]. 世界经济, 1985 (12)：15 – 20.

结构、产业政策、国际竞争的影响，使得当时的美国产业结构发生了转变。[1] 余燕春（1999）是较早对第二次世界大战后美国产业结构演变进行综合性研究的学者，其通过对美国第二次世界大战后三次产业产值占比、产值增长率、就业人数等数据的研究，认为 20 世纪末美国的产业结构重心从制造业转向服务业，从传统产业转向新兴的高技术产业，传统产业普遍引进高技术加以改造得到新的发展。[2]

赵嘉、唐家龙（2012）选取美国 1947～2009 年的样本数据分析表明，美国的产业结构、就业结构和收入结构三者保持了较好的协调性，产业增长具有较好的稳定性。纵观整个美国的产业结构，其软化趋向十分明显，尤其是金融、保险、商业服务以及教育服务等服务行业，在国民经济发展中做出的贡献重大。[3] 罗乐（2014）认为，经济全球化等因素对美国的产业结构造成了一定影响，在产业结构占比变动、不同产业间收入变动和不同地区收入变动等方面，都有可能对美国收入差距造成影响。[4] 沈楠（2015）认为，FDI 对美国第一产业、第二产业的发展具有负向效应；FDI 对美国第三产业的发展具有正向效应。FDI 同技术进步、人均 GDP、资本形成总额，共同构成影响产业结构升级的综合体系。[5] 张玉娟（2016）认为，中美两国产业结构存在趋同发展的态势；产业结构演变过程具有一定的相似性和一定的波动性；三次产业结构内部的变动具有差异性；现有数据表明，中国现在的产业结构大体相当于美国 1950 年时的产业结构，而中国当前人均 GDP 大体相当于 1975 年美国的人均 GDP。[6] 刘永焕（2017）通过对美国、德国的研究，认为应依据世界经济发展趋势和本国经济发展需求，确定

① 尚鸿. 80 年代前后美国产业结构的调整及其影响 [J]. 国外社会科学情况，1997（01）：8-11.
② 余燕春. 美国产业结构演变分析 [J]. 当代财经，1999（02）：50-51.
③ 赵嘉，唐家龙. 美国产业结构演进与现代产业体系发展及其对中国的启示：基于美国 1947～2009 年经济数据的考察 [J]. 科学学与科学技术管理，2012（01）：141-147.
④ 罗乐. 产业结构变化对美国演收入差距的影响 [J]. 经济视野，2014（13）：338-338.
⑤ 沈楠. FDI 流入对美国产业结构升级的影响 [J]. 东方企业文化，2015（23）：256.
⑥ 张玉娟. 基于产业结构相似指数的中美产业结构相似性研究 [J]. 青岛：青岛大学，2016.

不同时期产业结构调整的重点，并发挥产业政策的重要作用，高度重视技术创新对产业结构调整的贡献，重视市场竞争在产业结构调整中的作用。①

2. 模型分析研究

进入 21 世纪，随着计量经济学在国内研究领域的逐渐兴起，关于对美国产业结构的研究也开始运用模型进行分析。例如，魏作磊（2003）采用美国 1948～2000 年第三产业及其内部各行业的增加值和就业数据样本，建立了对数线性模型专门分析了美国第三产业内部的演变规律，得出 1948 年以来，美国第三产业比重逐渐增加的主要原因是社会服务业、金融保险业、房地产业的推动，而传统的批发零售和交通通信业对第三产业比重增长的助推力在减弱的结论。② 吕炜（2010）认为，产业结构演进的直接动因是产业资本收益率和人均劳动者报酬的变动，而产业资本收益率变动和人均劳动者报酬变动的直接动因是产业技术的进步。③ 袁帅（2014）认为，从短周期来看，美国的产业结构升级是其经济增长的重要推动力，而城市化进程对经济增长的作用相对较小；从长周期来看，经济增长、城市化进程与产业结构调整升级之间存在长期稳定的均衡关系，且相互之间呈现一定的协调关系。④ 乔晓楠等（2012）在配第一克拉克定理的基础之上，认为第二次世界大战后美国产业结构的变迁是"去工业化"的过程，其对美国的产业结构进行了"三分法"和"四分法（第三产业分为高附加值产业和低附加值产业）"的研究，认为第二次世界大战后美国经济的增长主要是由第三产业贡献的，尤其是那些拥有高附加值的第三产业（金融、房地产、租赁、专业服务业等），而从就业的角度来看，高附加值与低附加值两类第三产业共同吸纳了从

① 刘永焕. 发达国家产业结构调整的经验借鉴：以美国和德国为例［J］. 经济论坛，2017（05）：144－146.
② 魏作磊. 美国第三产业内部结构的演变规律［J］. 改革，2003（04）：117－121.
③ 吕炜. 美国产业结构演变的动因与机制：基于面板数据的实证分析［J］. 经济学动态，2010（08）：131－135.
④ 袁帅. 经济增长、城市化与产业结构关系研究：基于美国 1999～2010 年数据的实证分析［J］. 中国物价，2014（12）：10－13.

第一、第二产业转移出来的劳动力，造成了两类第三产业劳动生产率之间的巨大差异。① 张辉等（2013）根据美国 1975～2011 年的数据，运用了柯布—道格拉斯函数、状态空间模型、VAR 模型、VEC 模型分析了美国的产业结构、全要素生产率与经济增长的关系，发现在美国 22 个行业组中最能有效拉动经济增长的是地产租赁业，其次是零售业、医疗社会救助、耐用品制造业等，此外其还认为全要素生产率极大地促进了国民经济的增长。张辉、丁匡达（2013）还认为，最能有效拉动美国经济增长的产业是第三产业，第二产业产值占比的增加也能促进经济总量的提升。②

蔡兴、刘子兰（2012）认为，美国贸易逆差的持续扩大，从外部反映了美国实体经济结构不断调整的结果，而美国服务业占 GDP 比重的持续提高是其贸易逆差持续扩大的深层次根源。服务业所占比重的提高一方面增加了美国对制造业产品的进口，另一方面也大大削弱了其产品出口能力。③ 高丽峰、李文芳、于雅倩（2013）通过对美国的对外直接投资及产业升级指标和 VAR 模型的研究，认为中国现阶段的经济发展水平与美国 20 世纪 90 年代初相近，外商直接投资对中国产业结构升级起到了促进作用。④ 黄林秀、欧阳琳（2015）认为，经济可持续增长依赖于产业结构的不断优化，创新驱动是产业结构调整的内驱力，产业转移是产业结构调整的重要举措。⑤ 尹伟华（2015）认为，基于出口增加值测算的净出口显示性比较优势（NRCA）指数可以准确估计中国服务业的国际竞争力；中国服务业中明显具有比较优势的产业部门主要集中于劳动密集型和资本

---

① 乔晓楠，张欣. 美国产业结构变迁及其启示：反思配第一克拉克定律 [J]. 高校理论战线，2012（12）：32－42.
② 张辉，丁匡达. 美国产业结构、全要素生产率与经济增长关系研究：1975～2011 [J]. 经济学动态，2013（07）：140－148.
③ 蔡兴，刘子兰. 美国产业结构的调整与贸易逆差 [J]. 国际贸易问题，2012（10）：68－76.
④ 高丽峰，李文芳，于雅倩. 美国对外直接投资与产业升级的关系研究 [J]. 经济经纬，2013（06）：72－76.
⑤ 黄林秀，欧阳琳. 经济增长过程中的产业结构变迁：美国经验与中国借鉴 [J]. 经济地理，2015，35（03）：23－27.

密集型服务业，而美国则主要集中于知识密集型服务业；中美两国知识密集型服务业的 NRCA 指数呈现出相似的上升趋势，而劳动密集型和资本密集型服务业的 NRCA 指数却表现出相异的变化趋势；中国资本密集型服务业的 NRCA 指数保持在较高水平，是中国服务业参与国际竞争的"可依托"产业，而美国的知识密集型服务业具有极强的国际竞争力，是美国服务业参与国际竞争的"主导"产业。[①]

总的来说，国内学者对于美国产业结构的研究由最初的三次产业之间的构成比例到三次产业内部的细分行业之间的构成比例，研究得出的结论也基本趋于一致，即第二次世界大战后美国的产业结构的演变主要以第三产业为主，并且到了 20 世纪 80 年代，房地产、金融业、租赁业成为第三产业当中的主导产业，美国的产业结构演进逐渐走向以技术密集型、知识密集型、创新发展型为主的产业体系。

第四节　基本思路、可能的创新点、研究方法与研究重点

一、基本思路

次贷危机后，中美两国的经济发展和产业结构都暴露出诸多突出矛盾和问题，本书在简要回顾次贷危机后中美经济和产业结构存在问题的背景基础之上，提出试图要回答的问题，通过文献综述形成研究目标，阐明理论意义与实际意义，通过世界银行网站、国家统计局网站等途径采集所需要的数据，将研究问题明确提出来，说明研究可能的创新点等，然后进入研究主体部分。

---

① 尹伟华. 中、美两国服务业国际竞争力比较分析：基于全球价值链视角的研究［J］. 上海经济研究，2015（12）：41 – 51.

（一）基本思路之一：中美两国产业结构演进的基本情况比较分析

如图 1-1 所示，本书将通过定性分析与定量分析相结合的形式，重点分析中美两国产业结构演进的驱动因素、制约因素、背景与范式以及中美两国产业结构演进的历程、特征、趋势及技术进步作用评价对比等。

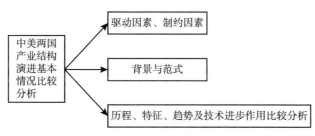

图 1-1 中美两国产业结构演进基本情况比较

（二）基本思路之二：理论模型分析

如图 1-2 所示，本书将对中美产业结构演进技术进步影响机理进行分析，通过理论分析与模型构建相结合的形式进行，通过理论分析，研究需求因素、国际贸易、国际直接投资、研发投入等是如何通过影响技术进步，进而影响产业结构演进的。通过构建模型，对理论分析结果进行论证。

（三）基本思路之三：经验实证分析

如图 1-3 所示，为了进一步说明各驱动因素与中美产业结构演进之间的关系，本书将构建中美产业结构的灰色关联分析模型与 VAR 模型，通过构建灰色关联分析模型，计算出各驱动因素与中美产业结构演进灰色关联度；通过构建 VAR 模型，分析各驱动因素对中美产业结构演进的影响。

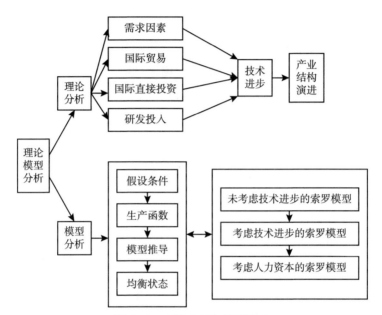

图 1-2 理论分析与模型构建

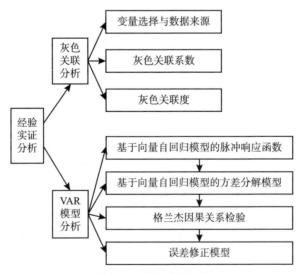

图 1-3 经验实证分析

二、可能的创新点

（1）本书分析了中美两国产业结构演进的驱动因素、制约因素、背景及范式等。通过大量的历史资料数据分析，对中美产业结构演进的历程、路径趋势及体现的技术进步进行全面且深入的对比研究，并进一步分析中美两国产业结构演进过程中所呈现出来的异同，特别是中美两国产业结构演进过程中的差异和差距。

（2）产业结构演进的驱动因素是通过影响技术进步，从而影响产业结构演进的，这需要构建相应理论模型以进一步论证，但是现有的研究文献中缺少理论模型方面的研究成果。本书通过构建未考虑技术进步的索罗模型、考虑技术进步的索罗模型、考虑人力资本的索罗模型，研究驱动因素是如何通过影响技术进步，从而影响产业结构演进的，进一步充实了产业结构演进理论。

（3）本书基于中美两国的产业结构演进中的相应数据，构建了灰色关联分析模型，计算各驱动因素与中美产业结构演进灰色关联度；构建了VAR模型（基于向量自回归模型的脉冲响应函数、基于向量自回归模型的方差分解模型、格兰杰因果关系检验、误差修正模型），分析各驱动因素对中美产业结构演进的影响，这是对理论模型分析结果的补充与验证。

三、研究方法

本书主要采用了以下四种研究方法：

（一）经验实证分析方法

经验实证分析指的是在选取具有代表性的较大量的经济统计样本数据基础之上，对样本数据进行直接观察或进行归纳推导，进而结合经验发现趋势规律。本书构建了灰色关联分析模型，计算各驱动因素与中美产业结构演进灰色关联度；构建了VAR模型，分析各驱动因素对中美产业结构演进的影响。

（二）比较静态分析方法

本书将比较静态分析的方法用于一个短周期的分析，从一个时点上观察中美两国产业发展的横截面状况，研究产业内部的组成、产业的发展水平（比重）以及产业之间的联系和比例关系。

（三）动态分析方法

动态分析是对经济变动的实际过程所进行的分析，动态分析的一个重要特点便是考虑时间因素对产业结构演进的影响，将经济发展现象的变化，作为一个有机连续的动态过程来研究分析。分析产业结构研究是一个动态的系统，产业结构内部和产业之间随时都存在相应的能量、物质、信息等因素的转换变动，产业结构也是一个不断演进或调整优化的过程，从长期、动态和系统的观点出发，是分析产业结构的重要方法。

（四）对比分析方法

对于中国的产业结构演进研究，既需要对比国内产业结构在不同时期范围内的构成比例，又需要对比不同国家在相同时期和不同时期产业结构的变化情况，本书期望通过对比产业结构演进的路径规律，找出影响中美两国产业结构演进的动力机制和制约因素，推动中美两国产业结构向更高层次演进。

四、研究重点

本书立足于次贷危机后，中美两国经济发展中产业结构出现的问题，重点分析了中美两国三次产业内部结构的演进规律、路径、特征和趋势，试图厘清中美两国产业结构演进的主要驱动因素是如何推动技术进步及其作用机理的，并通过实证检验的方法来验证驱动因素的作用，从而得出有效促进产业结构转型升级的结论和启示。

（1）重点研究中美两国产业结构演进过程中的规律、背景选择与理论范式，进而分析驱动因素与制约因素，并基于国际贸易和国际直接投资的视角，构建三种经济增长情况的理论模型——索罗模型，通过技术进步对产业结构演进的影响机理进行重点分析研究。

（2）重点研究中美产业结构演进的历程、特征及趋势，深刻分析两国产业结构演进的一般规律、两国产业之间和产业内部的演进规律特征以及技术进步作用对比，并着重分析中美两国国际贸易和国际直接投资对两国产业结构演进的影响。得出相应的分析结论，为实证检验奠定基础。

（3）通过选取中美两国 1995~2020 年间的国际贸易和国际直接投资、研发经费以及人均 GDP 等样本数据，对已经构建的索罗模型和所阐述的相关比较分析结论进行实证检验。通过实证检验得出相关数据，所得出的数据能够证明本书构建的理论模型符合中美两国产业结构演进的规律，构建理论模型的总体逻辑思路是正确的，最终阐述形成的结论和启示。

第二章　产业结构演进的一般
规律、背景和范式

　　产业结构演进与经济发展紧密相连，产业结构演进是国民经济发展的一种表现形式，是长期经济增长的基础，也是一个国家经济演化的核心问题。中国与美国的产业结构演进在某种程度上有着很大的相似性，但在演进过程中也存在着许多差异，表现出非常不同的特征与内容。值得进一步深入思考的是，产业结构演进的驱动因素是什么？制约因素是什么？产业结构在什么样的背景下演进？相应的范式结构又是什么？本章将对以上问题做出相应的研究。

第一节　三次产业结构演进的一般规律

　　世界经济发展的历史经验表明，伴随着经济发展和人均国民收入水平的提高，各国的产业结构将发生相应的变化，这种变化具有鲜明的规律性，是由低级水平均衡向高级水平均衡的阶段演进。其中产业结构的调整受人均国民收入水平的影响较大，其背后的逻辑传导机制是，不同人均收入水平对应不同产品的需求弹性，人均收入水平的变化会引起需求结构的变化，需求结构的变化将会推动生产供给结构的演进。

一、三次产业之间的演进规律

产业结构演进与经济发展有着紧密的联系，许多经济学者对产业结构演进的规律进行了大量研究，总结出了系统的产业结构演进理论，在文献综述部分已经进行了详细的论述，在此不再赘述。从英国经济学家艾伦·费舍尔（Allan Fisher）首次提出三次产业划分的理论，再到科林·克拉克（Colin Clark）把社会生产划分为第一、第二、第三产业，人们就一直在研究三次产业之间的演进规律。库兹涅茨在"配第—克拉克定律"的基础之上，把实现的国民收入在产业中的变化趋势与劳动力在产业之间的转移趋势加以结合分析，总结出了三次产业之间的演进规律：第一产业创造的国民收入随着时间向前推移，在整个国民收入中的比重将逐渐降低；该产业中的劳动力也将随着国民收入降低而进行转移。第二产业创造的国民收入同样将随着时间向前推移，在整个国民收入中的比重总体呈现出上升趋势；而该产业中劳动力占整个劳动力的比重也将保持不变或略有上升。第三产业创造的国民收入随着时间的向前推移，在整个国民收入中的比重同样将不断上升；而该产业中劳动力占整个劳动力的比重，总体上看呈现出不断上升的趋势。因此，劳动力会从第一产业、第二产业向第三次产业转移，三次产业经过演变最终会发展成为"三二一"的产业结构。

二、产业发展的阶段规律

发达国家和新兴经济体所经历的产业发展阶段大体可分为前工业化时期、工业化初期、工业化中期、工业化后期、后工业化时期五大发展阶段。在前工业化时期，第一产业的增加值和就业比重在国民经济中占据了主导地位，与此同时，这一阶段第二产业的增加值和就业比重开始有了初步的发展。在工业化初期，第一产业增加值和就业人数占国民经济和社会就业总人数的比重逐渐缩小，第二产业开始有了较大发展，第二产业增加值和就业比重在国民经济和社会就业总人数中占主导地位。其中，工业重心从轻工业主导型逐渐转向基础工业主导型，此时的第三产业也得到了一定的发展，但在三次产业中所占比重和就业人数还相对较小。在工业化中期，第一产业增加值和就业比重继续下降，此时第二产业创造的增加值和吸纳的就业人数占国民经济和社会就业总人数的比重仍然是最大的，不过此时第二产业的内部基础工业逐渐向高度加工的工业转变，第三产业增加值和就业人数比重在这一时期逐渐开始上升。到了工业化后期，第一产业比重继续下降，第二产业比重开始下降，第三产业继续快速发展，其中信息产业增长最快，第三产业取得快速发展并且逐渐取得主导地位。产业结构的调整步入最后一个阶段，即后工业化时期，第一产业创造的国民收入比重下降到一个基本稳定的水平，下降的幅度将会越来越小；这时第二产业创造的国民收入比重将继续下降，第三产业创造的国民收入比重占据绝对支配性地位，产业知识化、密集化成为这一时期产业结构的主要特征。以中美两国产业产值结构为例，2020年美国一、二、三次产业产值所占比重分别是 0.8%、17.7%、81.5%，其中第三产业比重占据绝对支配性地位。而同期中国一、二、三次产业产值所占比重分别是7.7%、37.8%、54.5%。因此可以判断美国早已实现后工业化，中国目前处于工业化的后期。①

三、主导产业转换的规律

根据罗斯托的观点，从主导产业的转换角度来看，主导产业的转换和更替折射出了经济发展的不同阶段水平。以产业体系中的主导产业转换为依据，产业结构演进在较长的一段周期内呈现出一定规律，如图 2 - 1 所示。

---

① 资料来源于世界银行统计数据，数据经整理后得出，网址：https：//data. worldbank. org. cn/。

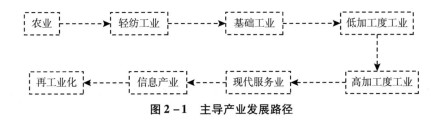

图 2 – 1　主导产业发展路径

从图 2 – 1 中不难发现，主导产业发展路径所经历的阶段一般有八个。在以农业为主导产业的发展时期，非农产业发展缓慢，这一时期的社会经济发展处于初级阶段，人类社会在漫长的时期中都处于这一阶段。第一次工业革命有力地促进了生产力的提升，特别是轻纺工业。工业发展的初期，轻纺工业劳动生产效率的提升刺激了更多的生产及相应的需求，在生产与需求步入"良性循环"的发展阶段后，轻纺工业迅速发展，正式拉开了人类机械化与自动化劳作的序幕，成为国民经济的主导产业。轻纺工业发展到了后期，其发展速度变慢，而基础工业增加值和就业人数在国民经济中的比重越来越大，再次替换轻纺工业成为国民经济的主导产业。低加工度组装的重化工业随着时间的推移取得了进一步的发展，加上高新技术成果在工业生产中的大量应用，逐渐发展成为推动国民经济较快发展的主导产业。随着工业化和新兴工业化的不断发展，服务业创造的增加值在国民经济中的比重增加，而第二产业则由于步入工业化后期，增加值及从业人员比重进一步放缓，第三产业开始逐渐成为主导产业。最后一个阶段，信息产业取得了迅猛的发展，诸多行业因信息产业的发展而呈现出了新的发展机遇，与此同时也更进一步推动了信息产业的发展，近年来，随着世界经济增速的放缓，"再工业化"的呼声越来越强，所谓再工业化指的是针对工业在各产业中的地位不断降低、工业品在国际市场上的竞争力相对下降、大量工业性投资转移到海外而造成国内投资相对不足的状况提出的一种"回归"战略。不过总的来看，再工业化目前还只是一个战略目标，还难以谈及工业再次成为主导产业。

四、劳动力转移规律

最早对劳动力在各产业之间转移分配进行研究的仍然是克拉克，他将若干国家相关产业的劳动力分布作为指标，并按照时间顺序对演进进行了数据统计，得出结论：一国的国民人均收入水平处于较低阶段时，在该国产业体系中所从事第一产业的劳动力人数占劳动人数的比重较大，而从事第二、第三产业的劳动力人数所占比重相对较小，劳动力随着时间向前推移开始向第三产业转移。最终的结果是第一产业的劳动力占比由最大逐渐变为最小，第二产业的劳动力占比逐渐增大并趋于稳定，第三产业的劳动力占比由最小变为最大。因此，三次产业劳动力转移规律具有较强的适用性。

五、比较劳动生产率演进规律

在产业结构体系中，从产业投入与产出的效益来看，在经济处于较低发展阶段的时候，农业作为传统产业部门，其劳动力就业的人数占比相对较大，比较劳动生产率也相对较低，随着国民经济发展水平的进步和生产技术水平的提高，第二产业的劳动生产率快速提升，而且速度要快于第一产业劳动生产率的提升速度，因此导致了劳动力在第一产业和第二产业之间的转移。同样的道理，随着国民经济的不断发展进步，第三产业也呈现出一样的趋势，劳动生产率提高，劳动就业人数向其转移。也就是说，比较劳动生产率是劳动力在三次产业之间进行转移的重要原因。

六、三次产业内部演进规律

前文分析了国民经济三次产业之间的一般演进规律，从产业结构演进的发展阶段、主导产业、劳动力转移和比较劳动生产率等多个角度来看，产业之间都存在着相关的规律性，在三次产业的内部也同样存在着一定的规律，可以说正是由于三次产业内部规律的逐渐演进，推动三次产业之间呈现出规律变化的特征。

（一）第一产业内部演进规律

与第二产业和第三产业相比较，人类从事第一产业的历史最为悠久，第一产业内部演进的规律也相对较好理解。从生产方式来看，第一产业经历了从技术短缺型的粗放型农业到有技术要求的集约型农业，再到生物、环境、生化、生态等技术含量较高的绿色农业、生态农业的发展。从第一产业的内部构成来看，随着农业产业结构的不断调整和升级，以传统粮食种植为主的农业生产型结构开始向以畜牧养殖为主的农业生产型结构转变，畜牧养殖业在农业生产中的占比越来越大。从产业化的视角来看，随着农业生产机制的不断完善，相应的农业产业链、农业生产组织、农业生产效率都较以往有了较大进步，以市场为导向的现代农业得到了较快发展，并在第一产业中占据主导地位，第一产业的生产开始从分散化经营向规模化经营的方向转变。

（二）第二产业内部演进规律

第二产业在国民经济发展中具有举足轻重的地位，纵观当今世界主要发达国家和发展中国家，其经济的腾飞无不起源于第二产业的发展，因此第二产业，尤其是制造业，应该成为一个国家在任何发展阶段都必须高度重视的战略产业之一。

总的来看，第二产业内部总体演进的趋势主要是从轻纺工业发展到基础型工业，再发展到加工型重化工业，最终发展到技术信息集约化工业的阶段。而从要素投入的变动情况来看，第二产业的发展主要是从劳动密集型产业到资本密集型产业，再到知识技术密集型产业的过程，这与第二产业发展的三个阶段之间是严格相对应的。从市场开放的角度来看，产业结构是由封闭型到进口替代型再到出口导向型，最终到全球自由贸易市场的过程。

(三) 第三产业内部演进规律

20 世纪 90 年代开始，西方大多发达国家步入后工业化时代，国民经济的发展越来越强调科技、创新、信息、服务的推动作用。在这一阶段，第二产业的比重呈现出逐渐下滑的势头，以服务业为主的第三产业开始加速发展，经过几十年的发展，第三产业所创造的增加值在发达经济体中的占比逐渐跃居主导地位。总的来看，第三产业内部结构的演进规律，大体呈现出从传统的服务业到多元化的服务业再到现代服务业的转变，最终发展到向信息产业和知识型产业为主导的第三产业的方向演进的趋势。从要素投入来看，同样也是从劳动力密集型逐渐向知识密集型的转变，当前诸如现代化信息、旅游、金融、教育、科技等第三产业内部行业，已成为不少国家国民经济最为重要的组成部分。

(四) 三次产业内部与三次产业之间结构演进的关系

从三次产业内部和三次产业之间的产业结构演进路径看，它们是一个有机统一的整体，从长周期看是相互依存、相互促进，并随着技术进步的推动，不断向高级化演进发展的关系。演进先从行业内部变动开始，之后扩展到产业内部，进而推动产业内部转型调整升级，再进行产业之间的调整优化。

三次产业内部和三次产业之间的产业结构随着国民经济的不断发展进步而随之调整升级，而产业结构的调整优化又进一步促进了经济的增长。从当前来看，较为理想的产业结构应该是第一产业维持在较低的稳定水平，第二产业和第三产业是国民经济最为重要的组成部分，在二者当中，第三产业的占比又应当大于第二产业，从事第三产业的劳动力也应该是占比最大的。而在三次产业的内部，不论是第一产业、第二产业，还是第三产业，在要素投入方面都应当形成知识密集型的产业，达到产业体系内部和产业之间结构高度均衡、劳动生产率高效、产业创新驱动强劲、产能充分释放、资源环境生态和谐友好、产业发展高度可持续的现代产业体系。

第二节　产业结构演进的背景选择与理论范式

通过前文对影响因素的分析，我们已对影响产业结构发展的因素有了总体的了解和分类。前文提出内外部因素之间相互影响，内部因素中需求和供给相互作用的观点，即弄清了影响产业结构演进的因素和机理，但影响产业结构的具体路径还需要再继续阐述。在已有的产业结构演进理论模型中，产业结构演进表现出不同的路径，而这种路径上的差异与分析产业结构演进的背景选择有着密切的关系，关于这一点，可以通过深入分析雁行形态发展模式、产品循环发展模式、同时开发发展模式等理论予以分析揭示。

一、雁行形态发展模式的区域国际分工背景

在雁行模型中，赤松要对模型的描述是在以时间为横轴、市场数量为纵轴的坐标系中，这个类似大雁飞行模式的产业发展路径就是著名的雁行理论，如图 2 - 2 所示。

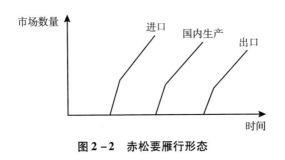

图 2 - 2　赤松要雁行形态

由图 2 - 2 可知，第一只"雁"是进口浪潮，进入工业化时期，一些后进国家由于技术和经济水平落后，产业结构水平不高，不得不把某些产业向发达国家开放，这就使得国外产品大量涌入后进国家的市场；第二只

"雁"是进口刺激国内生产所引发的国内生产浪潮,随着国外产品的大量进入,后进国家的需求得以扩大,这就为本国生产这种产品提供了基本的市场和技术两个条件,这时后进国家开始通过模仿、引进、利用进口产品的生产工艺和技术,同时结合本国资源和劳动力成本低廉的优势,进一步扩大该产品的生产规模;第三只"雁"是国内生产得到了发展,促进了产品的出口,在国内生产发展到一定阶段后,产品的技术水平得到不断提升,企业经营管理能力也得到持续提升,原先依赖进口的相关产品,在国内生产比原进口国具有了更大的成本优势,本国产品的国际竞争力持续上升,以至于形成了原进口产品开始出口,并占领国际市场的浪潮,最终达到经济发展和产业结构升级的目的,产品逐渐由国内生产转向对外出口。雁行形态发展模式认为本国产业发展同国际市场紧密联系,产业在不同发展层次的国家之间存在一种动态的梯度转移和传递过程。一国产业结构的调整可以通过国际产业间的梯度转移来实现,这就为后进国家加速工业化进程提供了可能,不难看出雁行模型与国际分工的背景结合紧密。

二、产品循环发展模式的国际贸易与产业转移背景

美国经济学家弗农(Raymond Vernon)于 1966 年提出了产品循环发展理论,如图 2 - 3 所示。

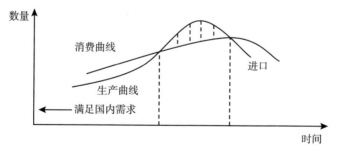

图 2 - 3 弗农产品循环发展模式

如何通过产品循环发展加快本国的工业化进程,可以通过四个阶段进

行：第一阶段，研究开发新产品、逐渐占领国内市场的阶段。一些工业发展的先行国家，由于在技术和资金等方面具有优势，率先开发和生产新的产品，并迅速进入该产品的导入期，占领其国内市场。第二阶段，随着该产业技术的不断成熟，该产品在国内的生产规模逐步扩大。此时国内市场已经趋于饱和状态，开拓国际市场成为其必然的选择，于是开始寻求国际市场并向其他国家出口，进而扩大在国际市场的占有份额。第三阶段，在产品占领了国外市场之后，随着技术在更广泛的范围扩展，竞争变得越发激烈。第四阶段，国外生产能力形成之后，由于在国外生产该产品与在本国生产相比较拥有成本上的优势，工业先行国家就逐渐削弱减产甚至是放弃了该产品在本国的生产，转向进口该产品。总的来看，产品的循环发展模式与产品的生命周期之间存在密切的关系，而产品的创新及循环最终推动了产业的转型升级和发展。

三、同时开发发展模式的产业政策和政府主导背景

同时开发发展模式是后发达国家在发展技术集约型产业中所采用的一种主要的发展模式，如图 2-4 所示。

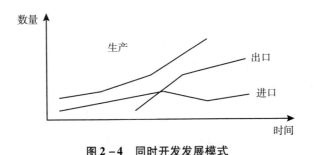

图 2-4 同时开发发展模式

随着技术密集型产业的发展，工业的技术装备不断更新，传统产业逐渐退出，新兴产业逐渐兴起，整个产业结构面临着重大改变。发展高新技术成为发达国家抢占国际市场的制高点。经济后发国家为取得后发优势，

积极发展高新技术产业，其高新技术产业建立的时间，与先行的经济发达国家相同。这些国家竞相发展高新科技产业的结果，是生产出大量类似的产品，相互进口的数量因此而减少并且后续也再无扩大的趋势。同时开发发展模式使后发经济发达国家加速赶超先行经济发达国家。在达到赶超目标之后，为使本国在高新技术产业的地位不至于再次落后，后发经济发达国家只有不断地将后续资金投入研发环节，持续保持技术上的竞争优势，才能保证本国经济的强劲增长。

四、产业结构演进分析理论范式的选择取决于研究背景的设定

雁行形态发展模式、产品循环发展模式、同时开发发展模式的分析范式与理论逻辑很大差别，这些模式从不同的角度描述了产业结构演进的主导因素和基本的动力机制，对产业演进结构的原因、产业结构演进研究的政策、战略产业设定的方向等起到了重要的参考意义。总的来说，赤松要的雁行形态产业结构演进模型是对 20 世纪末期以日本为代表的东亚国家和东南亚国家产业结构演进动力机制的生动描述，雁行形态模型强调不同国家之间的发展存在着技术水平的差异，且这些国家之间不存在太大的贸易壁垒和国际分工限制，这样技术相对落后的国家便可引进模仿先进国家的技术，最终利用成本优势形成出口并占有一定的市场优势。弗农的产品循环发展模式以产品发展的生命周期为背景，着重强调工业生产中的标准化生产和规模经济对产业规模、产业结构的影响。与雁行模型相类似的是，产品循环模型的核心仍然在于技术进步，同样要求国际分工、国际贸易、国际投资的自由化。产业结构同时开发发展模式是对世界经济进入工业化后期之后，部分国家或地区产业结构演进、经济增长特征的概括，这一模式的核心更多的是强调产业政策集中各生产要素实现产业的同时开发发展，其实质是对技术革命爆发式扩散的产业影响的关注。总之，通过对不同的产业结构演进的理论范式进行分析，不难发现产业结构演进的主要手段都是产业技术之间的引进或竞争，客观上要求有较为宽松、合理、完善的贸易环境和投资环境。在此基础之上，雁行模型和产品模型代表了市

场或产品自发调整的思路，而同时开发发展模式则代表了产业政策或战略目标选择的思路，这是基于不同国家在经济全球化背景之下，自身所面临的现实条件所做出的选择。

第三节　中美两国产业结构演进比较的背景与范式

中美两国产业结构演进比较分析的理论范式和分析框架设定，取决于对研究背景的理解和把握。中美两国产业结构的演进与两国的经济发展、社会历史、价值观念、国民的消费偏好等有着重要的关系，这些因素都会导致两国需求、供给等的不同，本节将通过比较两者之间存在的趋同性及变化发展趋势来确定研究的背景与范式。

一、中美两国产业结构演进的基本背景：市场化转型与经济全球化

众所周知，在中华人民共和国（以下简称"新中国"）成立之后的较长时间内，我国经济发展都在受苏联计划经济发展思路的影响，即主要依托政府的高度集权来对社会资源进行规划和配置。这种经济发展思路在我国社会主义建设的初期起到了一定的积极作用，但随着社会经济环境的逐渐稳定和发展，计划经济的思路限制了总需求的增长，阻碍了总供给的扩张，加之新中国成立初期对外开放程度较低，这就导致了社会经济发展停滞。改革开放后，我国的经济发展逐渐由社会主义计划经济向社会主义市场经济过渡和转型，对内的开放程度和对外的开放程度都有了大幅提升。至 20 世纪 90 年代中后期，我国的社会主义市场经济基础及相关制度体系已基本得到确立。21 世纪开始，随着我国加入世界贸易组织，经济全球化开始取代转轨时期的经济发展成为我国经济发展的大背景，我国开始更加积极主动地参与世界市场的竞争，国内的三次产业结构也随之迎来新的调整和升级。而美国作为市场经济的倡导者，在全球化的初期起到引领全

球化浪潮的作用，为全球化的深入发展起到主导作用，同时全球化也给美国经济带来巨大的发展空间。尤其是 1990 年后，得益于经济全球化的大背景，美国依托其高技术产业的领先地位，产业结构持续调整优化升级，第三产业得到空前的发展，成为全球化的最大受益者。但之后受各方面因素的影响，特朗普政府认为美国是全球化受害者，开始推行贸易保护主义，使自由贸易和经济全球化遭遇逆风。

二、市场机制取代计划体制对产业结构有决定性的影响

在计划经济时期，相关产业的发展与国家的战略发展目标存在着很大的关系。如果是政府提倡大力发展的产业，那么产业的规模可能在短时期内就会取得快速发展；如果是政府限制门槛或是不鼓励发展的产业，那么相关产业的发展可能在较长时期内都难以有起色。在这一时期，政府对于相关产业的发展起到了决定性作用。计划经济时期重视基础工业、重工业、军工产业的发展思路在当时有一定合理性，但按此思路长此以往的发展结果是产业结构单一畸形，产业的"量"虽然很大，但"质"却不高，难以实现真正意义上的发展。在这一时期，部分产业仍由国家管控运行，相关市场的价格也由国家规定或进行指导。处于转轨时期时，部分产业领域已经对民间资本和外资开放，市场价格的决定权逐渐交由市场自发决定。而处于市场经济时期时，社会资源的配置主要由"无形之手"所决定，政府在产业发展中所起的角色开始由参与者逐渐向引导者和监管者转变。相应地，处于这一时期的三次产业之间发展的结构比例变动开始逐渐由各产业之间资本报酬率的差异所决定，大量要素的参与将会进一步推动产业发展，进而形成相应的产业结构比率关系。

三、资源约束、发展政策和产业政策影响产业结构演进的方向和速度

在较为理想和完备的市场经济条件下，产业结构的演进与发展主要

是由产业间资本回报率的差异所决定的，但一国所面临的资源禀赋、战略目标、产业政策却也深刻而长远地影响着一国产业结构演进的方向和速度。以自然资源禀赋为例，日本狭小的国土面积和独特的地理位置决定了其产业发展模式与美国的产业发展模式相比存在很大的差异，日本的产业发展形成了以"外向型"的产业发展为主导思路，即主要依靠低价进口原材料，通过设计、加工、组装等环节形成产品，最终再销往海外的模式。而自然资源禀赋丰富、地理位置优越、国土面积广阔的美国则在产业发展，尤其是市场产品定价的过程中占有很大的话语权，美国不仅是世界上最大的商品出口国，同时也是世界上最大的进口国。中国和日本在对美贸易中都长期处于贸易顺差的地位，这也决定了美国的产业结构发展演进与中日之间的差异。除此之外，一国产业结构的演进虽然在很大程度上受到来自本国自然资源禀赋的约束，但这并不意味着产业政策或是一国的产业战略规划难以对产业结构演进产生影响，相反，合理的产业政策还能够对产业结构的演进产生积极的促进作用，例如，供给侧结构性改革的思路及其相关配套产业政策的实施推行，不仅能够有效化解某些产业的过热或过剩危机，最终还能促成产业结构的优化调整升级。而若无科学的产业政策的支持和引导，即使拥有丰富的资源禀赋，产业结构的演进可能仍然缓慢。

四、中美两国产业结构演进分析的范式

前文从中美两国产业结构演进的背景出发，对中美两国产业结构演进的动力机制、演进机理、约束条件、方向发展进行了研究。市场化一直是推动中美两国产业结构演进的主导力量，需求结构和产业政策是产业结构演进的决定性因素，而在全球化背景之下，国与国之间或地区与地区之间贸易中的比较优势和市场优势决定了资源配置的范围、结构和方向，从而对两国的产业结构演进产生了巨大的影响。

基于对发展背景、演进机制等方面的综合研究，本书建立了中美两国产业结构演进的范式，如图2－5所示。

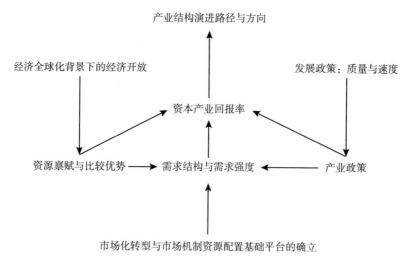

图 2-5　中美两国产业结构演进的范式

　　从图 2-5 中可以看出，市场化转型与市场机制资源配置基础平台的确立在产业结构演进的过程当中起到了基础性的作用。这主要是基于在资源供给有限的条件下，如何有效地将经济中包括资本、技术、土地、劳动力等资源合理地分配到不同的用途中，最终通过资源的优化配置组合出或生产出更多社会需要的产品和劳务，从这一角度而言，资源配置对于产业发展有着关键性的影响。此前国内经济处于计划经济时期时，曾主要通过高度集权的行政指令体系来完成经济中对于资源的配置，不可否认，在当时这种资源配置的方式对产业结构的整合和经济的发展起到了一定作用，但长期以行政指令方式配置资源不仅会使市场的作用难以发挥，在另一层面上还会导致产业结构、技术结构、地区发展、就业结构陷入失衡状态，最终浪费社会资源。而以市场化为主导的市场经济则强调"无形之手"对于资源的优化配置，其机理是如果行业发展存在着利润，利润的存在有来自市场因供不应求而表现出的价格上涨的因素，也有来自企业通过技术调整或组织调整而表现出的成本降低的因素，那么理论上在没有特殊条件的前提之下，资源将向着利润高的行业集聚，最终自动完成资源的优化配置。但是市场并不是完善的，产品的价格有时并不能完全合理地反映供求关系，微观经济主体在做抉择时亦非完全从自身利益出发，生产要素在不同行业之间的流动可能也存在着限制，这使得任何一个国家市场经济的发展都难以达到完美状态，也使得完全通过市场来实现资源的最优化配置不可能成为现实。特别是在涉及经济体制改革的国家中，旧有的体制和思路可能在较长时期或部分部门中难以做出突然调整，例如，新中国成立初期通过高度集权的计划经济体系发展经济的思路，为日后中国经济的发展或产业的发展存在长期依赖政府指导或扶持发展的思路埋下了种子。因此，新的经济体制只能逐步建立，新旧体制之间的交替需要较为漫长的时间。综合各类因素发现，市场的自动调节在一定时期内导致资源的结构性浪费将难以避免，资本主义世界爆发的历次经济危机便是最好的佐证，因此，即使逐步实现了市场经济，甚至是在市场经济高度发达的国家中，政府对经济的发展同样起着十分重要的作用。政府的作用突出表现在政府需要按照市场的实际情况，在资源供给不足或资源需求不足的领域，引导资源的供给和需求。既要防止经济过热，也要抵御经济下行；既要注重经济增长，也要注意产业结构调整。合理优化的产业结构才能实现经济的可持续增长，而产业结构的不断优化也需要经济增长不断注入动力。

此外，在上述范式当中，产业政策对于市场机制的发挥亦起着十分重要的作用。众所周知，合理的产业引导政策能够支持某些产业的发展，弥补和修正市场机制的缺陷。产业结构政策一般是从宏观层面而言，直接针对产业结构，而产业组织政策则更加倾向于微观层面，通过对产业组织的引导和调节，诱发其内部进行优化调整，最终促成产业结构的升级和演进。国民收入分配政策通过调节国民收入的初次分配而直接影响国民社会需求的变化，进而会间接影响到产业结构的变动，其作用和机理主要是：在一定的生产发展水平之下，国民收入分配的格局决定了社会需求结构的形成，即生产要素资源在居民、企业和政府之间进行分配，因为经济主体的不同，其收入和支出也同样存在差异，使得需求结构在一段时期内保持一种相对稳定的状态，但在长时期内随着要素分配比例的变动，社会需求结构也将发生改变，通过投资和消费的影响，需求结构又将促进产业结构的变动。假设国家推行高积累政策，生产性的需求增长就可能会加快，重工业产品的需求收入弹性就会增长，此时产业结构就会朝重型化的方向演变。而如果国家推行高消费的政策，居民消费需求和社会集团消费需求增长加快，轻工业及耐用消费品的收入弹性就会增大，产业结构将会朝轻型化方向转变。① 因此，科学合理的产业政策或是战略目标的制定和出台，对于在竞争中处于相对劣势的国家而言更为重要，特别是市场化程度不高、市场经济体制不成熟、产业结构发育程度不高的发展中国家。

总之，我国产业结构的演进应该是从新中国由计划经济过渡到社会主义市场经济之后而逐渐开始的。中国经济的发展此前长期受经济体制的影响，这使得中美产业结构的演进在相当长的一段时期内并不具有太多相似特征。但随着经济全球化的到来，中国经济市场化的程度越来越高，也越来越积极地参与到世界市场的竞争当中，中国的产业结构演进与美国的产业结构演进体现出一些共同的特征，特别是在微观经济组织方面，在强调资本产业回报率的前提之下，中国跨国企业的对外贸易、对外投资、对外合作都更加频繁，如果说在此前较长一段时期内中国与他国之间的国际贸易以国外的资本、技术、产品输入为主导的话，近些年来中国的技术输出、资本输出、产品输出、劳动力输出则更加占据主动地位，中国产业结构的演进在经济全球化的浪潮之下，逐渐实现了质的飞跃。

五、中美两国产业结构演进的主导产业驱动范式

根据罗斯托经济成长阶段理论，主导产业应同时具备三个特征：一是能够依托科技进步或创新，引入新的生产函数；二是能够形成持续高速的增长率；三是具有较强的扩散效应，对其他产业乃至所有产业的增长起决定性的影响。这三个特征是有机整体，缺一不可。② 这类产业往往既对其他产业起引导作用，又对国民经济起支撑作用。

中美两国产业结构演进的不同时期，其主导产业不同。虽然各产业对国民经济的健康持续发展都十分重要，但是只有主导产业才是国民经济发

---

① 戴伯勋，沈宏达. 现代产业经济学［M］. 北京：经济管理出版社，2001：279.

② 张辉. 中国经济增长的产业结构效应和驱动机制［M］. 北京：北京大学出版社，2013：239.

展的核心，直接决定着国民经济发展的方向、速度、性质和规模等。罗斯托认为，应该选择具有扩散效应的部门作为主导产业部门，将主导产业的优势辐射传递到产业链的各产业中，以带动和促进区域经济全面发展。中美两国产业结构在演进的历程中，都明显受到了各自几大主导产业的推动。第二次世界大战结束后，近半个世纪中美两国的主导产业驱动不尽相同，由于发展水平和发展阶段不同，中美两国产业结构的主导产业驱动范式也存在着较大差异。[①]

中国产业结构的驱动范式：一是中国驱动力来自第二产业内部的资本等要素流动，最终需求带来的驱动性较小；二是第二产业与第三产业没有很好地协同发展，第二产业内部循环是一个封闭的资本流动过程；三是第二产业的主导性非常强，在工业化进程中，第二产业不论是增速还是规模都远远大于第三产业；四是主要的驱动部门从重工业向石化以及装备制造业转变。

美国产业结构的驱动范式：一是1987年前驱动力主要来自第二产业，之后驱动力逐渐向第三产业转变；二是第二产业与第三产业之间的发展较为协调，第三产业与其他产业的关联度比中国的要高；主导产业部门从第二产业向第三产业逐渐转变，但因第三产业的关联度有限，使得产业之间促进带来的经济增速有限，难以保证经济的持续快速增长。

中美两国产业结构演进的主导产业驱动范式，主导产业的选择基准有三个：一是罗斯托基准（罗斯托，1988），主导产业优势辐射传递，带动经济的全面发展；二是筱原基准（筱原三代平，1957），包括需求收入弹性和生产率上升两个基准，需求收入弹性大和生产率上升的产业，能够吸引各种资源向该产业流动，从而促进该产业更快发展；三是产业关联基准（赫希曼，1991），该项关联基准主张产业不均衡的发展战略，发展政策目标应集中力量发展那些在技术上相互依赖、产业关联效应强烈的"战略部门"，这种产业是其前向和后向产业之间联系的有机结合。主导产业驱动

---

① 张辉．中国经济增长的产业结构效应和驱动机制［M］．北京：北京大学出版社，2013：239.

因素的指标体系涉及六大原则和十一项指标。[①]

　　1. 产业规模原则：产业规模指标、固定资产规模指标、就业规模指标、利税规模指标。

　　2. 市场需求原则：产品需求收入弹性指标。

　　3. 产业关联原则：产业感应度指标、产业影响度指标。

　　4. 技术进步原则：技术进步指标。

　　5. 经济效益原则：净资产率指标、资金利税率指标。

　　6. 比较优势原则：比较劳动生产率指标。

　　上述指标中，技术进步指标是经济增长的重要因素，是推动社会生产效率提高和产业结构向高层次发展的关键因素，所以应该选择拥有较高技术水平、较快技术进步速度、技术进步对产值增长速度贡献较大的产业作为主导产业。在后面的章节中，还将重点研究包括国际贸易和国际直接投资等引致的技术进步对产业结构调整升级的驱动效应。

六、中美两国的开放程度决定了国际贸易和国际直接投资对产业结构转型的重要性

　　国际贸易和国际直接投资是衡量一个国家开放程度的两个重要经济指标。国际贸易是一个国家或地区与另一个国家或地区之间的商品和劳动的交换；国际直接投资是一国投资者为实现持久利益而对本国之外的企业进行投资，并对该国企业的经营管理实施有效影响和控制的经济活动。二者均是国民经济的重要组成部分，尤其是在经济全球化条件下，国际贸易和国际直接投资的良好发展对经济增长起着重要作用。

　　在开放经济条件下，国际贸易和国际直接投资将对产业结构产生重要的影响。国际贸易通过两种途径产生影响，即出口会增加本国的需求，而进口则会增加本国的供给。根据比较优势理论，中美两国都应该生产本国

---

　　① 张辉. 中国经济增长的产业结构效应和驱动机制［M］. 北京：北京大学出版社，2013：255－256.

拥有比较优势的产品，从而在国际市场上实现利润最大化，促进本国优势产业的发展。同样，中美两国在进口方面，主要进口稀缺生产要素、高新技术和新兴的产品，以便能有效扩大两国的资源配置范围，同时国际贸易的发展也能给两国带来国际经验和商业模式等创新。国际直接投资包括引进投资和对外投资两种，对于中美两国而言，引进外资都能弥补本国在某些方面的资金短缺，国际直接投资也为两国的相关产业和企业带来"干中学"的外溢效应，不仅可以使两国掌握先进的技术和生产流程，也可以提高两国相关产业的劳动力素质和管理水平，从而提高两国相关产业的国际竞争力，进而推动中美两国产业结构调整优化。

中国和美国无疑是当今世界上国际贸易和国际直接投资最为重要的两个国家。国际贸易和国际直接投资对中美两国产业结构的演进起着重要作用，对于中国，改革开放以来国际贸易和国际直接投资取得了前所未有的发展，而美国一直是国际贸易和国际直接投资的世界第一大国，特别是经济全球化以来，美国成为全球化的最大受益者，不仅其国民经济得到了巨大的发展，其产业结构也得到了调整优化，美国依托其在高技术领域的优势，占据了国际分工的有利位置，在全球一直保持着经济发展的有利地位。

第三章 产业结构演进驱动因素及其技术进步影响机理分析

产业结构演进受到诸多因素的影响驱动,本章通过对产业结构演进驱动因素和制约因素的分析,进而深入探讨在诸多因素中与技术进步明显相关的因素,再从理论层面分析由这些因素导致的技术进步在产业结构演进中的作用机理。

第一节 产业结构演进驱动因素与制约因素分析

从现有的文献来看,对于产业结构的驱动因素,一般分为两个方面,即驱动产业结构的外部因素和内部因素。外部因素主要指在不同的经济发展阶段国家所制定的相关产业政策,以及有关产业发展相关的制度安排,特别值得注意的是,当前产业发展面临着国际化的竞争,因此自然还应该包括对国际贸易和国际投资等方面的考虑。内部因素(即供给因素和需求因素)是影响产业结构发展的主导因素和决定因素,外部因素则是影响产业结构演进的从属因素和辅推因素。一国产业结构的发展主要以内部因素为核心,不过从系统论的角度出发,内外部因素之间若能产生"积极"的影响,那么产业结构的演进将更快地朝着更加高级的方向转变,若二者之间不能产生"积极"的影响,产业结构的发展就可能陷入停滞或是失衡的状态,因此外部因素的影响也不能够忽视。

一、产业结构演进的驱动因素

国民经济的持续发展有赖于产业结构的调整升级和优化，而产业结构的演进是诸多因素共同作用的结果。次贷危机后，世界宏观经济环境发生了深刻的变化。宏观经济发展趋势的变化将对世界产业结构调整产生重要的影响，其中区域发展理念的转变、科技发展趋势和人民生活理念的转变这三个方面将会直接反映在需求、供给、产业政策和国际贸易、国际投资等因素上，形成经济发展和产业结构最为核心的驱动因素。

（一）驱动产业结构演进的内部因素

总的来看，驱动产业结构演进的内部因素可高度概括为需求因素与供给因素两方面。具体而言，可将需求因素划分为消费需求、投资需求、出口需求三大类，而供给因素则主要是技术供给、资金供给、劳动力供给三个方面。

1. 需求因素

按照需求的具体用途，可以从消费、投资、出口三个方面进行论述。从消费需求来看，消费需求主要包含个人消费需求和社会集团消费需求两个方面。个人消费需求主要指的是居民有意愿、有消费能力而进行的真实需求，社会集团的消费需求同样包含了个人消费需求，因此我们认为，个人消费需求是影响产业结构演进的"原动力"因素，但社会的总需求又并非个人需求的简单加总，而是个人有效需求的加总。

投资需求也对产业结构的演进起着较大的作用，投资需求包括个人投资需求和社会投资需求，投资需求是影响产业结构演进最直接的因素之一。

出口需求在整个国民经济的发展中对产业结构的影响意义同样深远。不同国家在自然资源禀赋、地理位置、人口结构等方面存在的差异，决定了各国在参与国际贸易中的市场类型及对应的市场地位。

从三类需求影响产业结构演进的机理当中不难发现，不论是消费需求、投资需求，还是出口需求，都是通过影响到"需求方面"，从而推动产业结构的变动。

2. 供给因素

如果说产业结构演进的出发点和立足点是有效需求，那么产业结构演进的基础和前提则是有效的供给。有效供给包含有意愿的供给和有能力的供给。按照有效供给的不同类型，也可将有效供给划分为自然资源型供给和知识技术型供给。自然资源是一国经济发展的基础，自然资源禀赋在一定程度上制约和影响着整个国家产业发展结构的总体情况。自然资源相对较为丰富的国家和地区，早期基于这些优势资源发展起来的产业，在国民经济中的占比可能会相对高一些，促使这一类产业成为国民经济的支柱产业。美国自然资源丰富，在市场产品定价的过程中占有很大的话语权，因此，美国每年出口农产品的数量都非常大，在提高农业生产效率的同时，也会促进美国产业结构的演进。另外，美国的劳动力资源也相对比较丰富，劳动力的数量、质量以及流向直接影响着产业结构的发展。例如，以美国为代表的西方发达国家在第二次世界大战之后产生的"婴儿潮"现象催生了欧美各国20世纪80年代经济的繁荣。第二次世界大战期间，世界人口增速逐渐放缓，而战后和平的生活环境带来了新的人口生育高峰，尤其是在1945～1965年之间出生了大量人口，到了20世纪60年代末至70年代初期，这些婴儿逐渐成长为适宜劳动的人群，他们开始考虑购房置业、生活消费、投资理财等方面的需求，因此有力地推动了美国的金融业、房地产业以及消费品行业的发展。其实中国同样是这样的情况，在施行计划生育政策之前，人口增速较快，有力地支撑了我国经济改革开放以来的腾飞，特别是人口密集型的农业和制造业。但近两年人口红利逐渐消失，基于此，国家层面不仅仅关注人口的数量，还更加强调人口的质量和流向，在人才培育机制、出国留学、职业技术教育、户籍制度改革等方面都出台了相关的政策和建议。可以看到，包括养老产业、教育产业、乳制品产业等在内的诸多产业都迎来了新的发展机遇，而产业结构调整的总体趋势，也由低素质人才资源投入向高素质人才资源投入的方向进行转变，这也使得产业结构内部得以不断制度和升级。

资金的供给和技术的供给也是影响产业结构演进的重要因素。资金资源对产业结构演进的影响，可以从资金总量方面产生，也可以从资金的投资方向产生。技术资源同样在推动着产业结构的演进，这一点在后文详细论述。

（二）驱动产业结构演进的外部因素

1. 国民经济体制

纵观世界各国经济的发展历程，一国经济体制的类型对国民经济产业结构产生着深远的影响。可以说国民经济中三次产业的演进过程是内在动力机制相互起作用的结果，同时也是诸如经济体制类型等外在因素对产业结构潜移默化的影响过程，处于不同经济体制类型下的产业结构演进机制存在着很大程度的差异。以计划经济体制为例进行分析，当产业发展处于计划经济体制下时，产业结构的演进机制主要靠政府部门的规划、投资、实施进行，政府在产业投资、产业布局、产业组织等方面享有极高的话语权。新中国成立后直至改革开放前的这段时间，我国对于经济建设的"计划性"最具有典型性。直到今天，计划经济的思想还影响着我国经济的发展，"十四五"规划纲要仍然是国家有计划地进行经济建设的重要文件，不过这种计划经济的概念在当今快速发展的社会背景下逐渐被淡化。回顾我国的计划经济时期，产业结构的变动可简化为图3－1所示的模式。

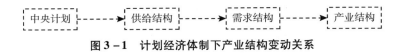

图3－1　计划经济体制下产业结构变动关系

从图3－1中不难看出，"中央计划"成为产业结构发生转变的最主要原因，此时的中央政府处于高度集权状态，根据发展计划的要求和财政资金的能力，通过直接行政命令的方式对产业结构进行调整，包括直接干预企业的"生死存亡"，对某些产业和行业的发展实施彻底限制或部分有条件限制。这种产业结构调整机制实质上是行政调节机制，属于公共调节机制的范畴。在此过程中，政府成为经济调节的主体，以"社会成本—效益"为目标函数，但微观层面却缺乏"内部成本—效益"函数的激励与约束，这就是科尔奈（János Kornai）所提出的"软预算化"现象。[①] 中国从 1992 年实行社会主义市场经济体制以后，非常重视国民经济五年规划的制定与实施，但是美国却缺少类似中国五年规划之类的国民经济发展计划。因此，在产业结构演进过程中中国政府所起的作用比美国政府要明显得多。

2. 国家战略目标

合理科学的战略目标往往能够推动本国产业结构的升级和调整，较好并且相对较快地促进产业结构向着更加优化的发展方向演进，最终推动经济总量的发展。如果缺乏合理、科学、有针对性的战略目标规划，仅依靠产业结构内在机理和市场力量的自我革新，那么产业结构演进的速率将大大降低。美国作为资本主义世界的"后起之秀"，其工业化和市场化的起步要晚于英国、德国、法国等老牌资本主义国家。美国的产业结构演进和经济发展最初强调得最多的便是自由市场经济理论，即国家不对经济做过多的干预和干涉，主要凭市场"无形之手"进行价格的调节，不可否认的是，这样自由放任的经济政策在资本主义经济的起步阶段确实给当时"新兴产业"的发展留足了空间，但我们也看到了之后的"大萧条"对美国经济带来的重创和伤害。不过相对而言，从美国整体的经济发展环境来看，其国内的市场体制相对比较健全，国家对经济发展的指导和干预相对较少，产业结构的演进基本靠的是内在机制和市场力量，美国工业化的实现从诞生至今，走了二百年左右的时间。中国经济发展到今天，已成为世界第二大经济体，三次产业内部结构正朝着更加优化合理的方向转变，在改革开放以来这短短四十多年的时间当中，中国产业结构的演进并不是完全依靠其内在机理和市场的自发作用，政府的引导和科学合理的战略目标选择在我国经济的发展中起到非常大的作用。

---

① 周冯琦. 中国产业结构调整的关键因素［M］. 上海：上海人民出版社，2003：250－252.

3. 政策效应

产业结构的演进离不开以往政策的实施，如果没有政府相关产业政策、国民收入分配政策、财税金融政策的支持，我国的经济发展和产业结构演进不会取得今天的成就。合理的产业政策能够支持某些产业的发展，弥补和修正市场机制的缺陷，能够对产业结构的演进产生积极的促进作用。例如，供给侧结构性改革的实施，在很大程度上促进了我国产业结构的升级。美国政府虽然提倡自由竞争的市场规则，但也通过制定关税政策保护了一些幼稚产业。因此，产业政策在产业结构演进与升级中的作用是十分重要的。

产业结构政策一般是从宏观层面上而言的，直接针对产业结构，而产业组织政策则更加倾向于微观层面，通过对产业组织的引导和调节，诱发其内部进行优化调整，最终促成产业结构的升级和演进。国民收入分配政策通过调节国民收入的初次分配直接影响社会需求，进而间接影响产业结构的变动。需求结构在一段时期内会保持一种相对稳定的状态，但在长时期内，随着要素分配比例的变动，社会需求结构也会发生变动，同时又通过投资和消费影响产业结构的调整变动。① 因此，产业政策将直接影响居民的消费需求，进而影响产业结构转变的朝向。

财政、货币、税收等政策也会对产业结构的演进产生重要的影响。财政政策是重要的宏观经济调控手段，尤其对行政干预市场程度依然较高的我国来说，财政政策就更为重要。由于财政政策会不可避免地在各大产业之间出现倾向性，而且各个产业自身的特点也不同，因此财政政策会引发产业不对称性。当前，我国正处于工业化加速时期，合理调整产业结构是经济发展的重要目标之一，充分发挥财政政策的产业不对称性对产业结构的调整升级具有重要意义。② 与财政政策一样，货币政策也是宏观调控的重要组成部分，利率、信贷规模、资产价格和汇率这四种货币政策传导机制变量的调整变化对产业结构也同样产生重要影响，因此货币政策的合理

---

① 戴伯勋，沈宏达. 现代产业经济学 [M]. 北京：经济管理出版社，2001：279.
② 张辉. 中国经济增长的产业结构效应和驱动机制 [M]. 北京：北京大学出版社，2013：339.

运用有助于产业结构的调整优化。税收政策同样对产业结构的调整升级意义重大。例如，自 2011 年开始，国家在部分地区的相关行业推行"营改增"政策。税收负担的降低可以使企业留存更多的利润，从而能够对企业市场拓展、技术产品研发、兼并重组等方面提供有力支持，推动行业的优化升级，最终推动产业结构的演进。此外，其他金融政策也不同程度地对产业结构调整发挥着重要作用。

4. 经济全球化

经济全球化背景下，资本、技术、劳动力、原材料在内的生产要素开始在全球范围内实现流通转让，相关产品和产业链的辐射范围遍及全球，经济全球化已经成为当前各国经济发展和产业结构演进的大环境。在经济全球化的助推下，我国经济总量在加入世界贸易组织之后取得了举世瞩目的发展，国际贸易的超高速增长已成为拉动我国经济发展的一驾重要的"马车"。据 2015 年的统计数据显示，中国已成为美国的第一大贸易伙伴国，而美国则是中国的第二大贸易伙伴国，二者之间的联系越发紧密，但值得注意的是，二者之间也存在着竞争甚至是贸易摩擦。经济全球化使得资源的配置在全球范围内进行流动，各国之间的竞争进一步加剧，而合理的产业结构一方面有助于一国在参与国际竞争中占据有利地位，另一方面也更加能够抵御经济全球化带来的不利冲击，这是中美两国产业结构演进都面临的问题。

5. 国际贸易

经济学中常讨论一国经济在封闭环境下和开放环境下的经济增长模型，不可否认的是，在产业结构演进的初级阶段，各国之间的国际贸易互动还不是很频繁，产业结构的优化升级主要依托于自身的内部积累。随着全球经济一体化的不断发展，产业结构的升级还会更多地受到来自国际分工和国际贸易格局的制约，国际贸易的因素对一国产业结构调整升级的作用日趋显著。国际贸易对产业结构演进的影响，主要是通过国际之间相互的比较利益而实现的，这种比较利益机制往往是通过各国生产要素禀赋的差异而进行的，这种差异首先表现在产品或服务的要素价格差异上，如果一国出口的产品相对于其他国家的产品，在国际市场上的价格更为低廉，那么该国涉及该产业的行业就会增加生产和出口，从而推动整体产业升级。而如果在国内市场上，国外的产品价格更为低廉，那么国内对此类产品的进口需求就会逐渐增多，若国内相关产业不能够在产品质量或服务、技术、价格方面有所改变的话，相关的产业发展可能将由此受到抑制。此外，还有一种特殊的情况是，如果国外某种产品或服务的现有商业模式在国外市场上取得了较好的发展，而国内市场在这一领域的业务还是空白，引进某些国外的新产品或服务就能够起到开拓本国市场的作用，众筹、团购、网约车等都是较好的代表。

6. 国际直接投资

国际直接投资对东道国的经济，尤其是对东道国的技术水平产生了及其深刻的影响。通过国际直接投资，引进国际先进的技术设备，可以学习他国的先进技术和管理经验。外商直接投资进入东道国，在所投资的行业开展生产经营活动的过程之中，势必将产生技术扩散效应，这种扩散效应将促进东道国相关企业生产技术水平和竞争力的提高，带动东道国总体技术水平的提高，进而促进相关产业结构的调整优化升级。

就国际直接投资而言，国际直接投资的作用在于促进本国产业质量的改善，提升本国产业的核心竞争力，促进本国产业结构升级。而国际直接投资影响技术进步的因素有两个：一是国际直接投资在东道国的技术水平层次；二是东道国的总体投资环境和市场竞争水平。就我国的情况来说，对外商直接投资的无形技术溢出效应重视不够，并缺乏有效的吸收和消化，在一定程度上影响了对先进技术和管理经验的吸收。

二、中美两国产业结构演进的制约因素

中美两国经济发展的历程不同，产业结构演进的制约因素也不尽相同。知识与技术创新、人口规模与结构、经济体制、自然资源禀赋、资本规模、需求结构、国际贸易和国际直接投资等构成了产业结构演进过程中的基本制约因素。

（一）中国产业结构演进制约因素

受 2008 年全球金融危机的冲击，中国政府实行"量化宽松"刺激性政策，虽然刺激性政策帮助中国很好地应对了金融危机的冲击，但产能过剩的问题逐步显现，加上国际金融环境的不断变化，中国经济中存在的许多深层次问题开始逐步暴露出来，经济下行的压力不断加大，这清楚地表明中国的经济发展方式以及总体结构到了亟待转变的阶段，而进一步制约中国产业结构转变的因素有以下几点：

1. 居民内需不足和 GDP 冲动广泛存在

消费、投资和进出口是拉动经济增长的"三驾马车"，但现阶段中国发展过于依靠投资，特别是为了应对金融危机，政府部门实行"量化宽松"的刺激性政策，进一步加剧了对私人部门的挤出效应，居民需求不足。要实现经济结构的良性转型，必然要损失一定的发展速度。地方政府的"唯 GDP 政绩观"虽已发生改变，但对 GDP 追求的惯性仍未得以有效控制，为了追求高 GDP 增长率，地方政府势必会更加依赖直接投资来拉动地区经济增长，这不仅会加剧能源资源负担，诱发环境问题，也不利于新兴产业的发展以及经济结构的调整。为了更好地刺激内需，提高消费对经济增长的拉动效率，各级政府应该切实关注民生，完善社会保障体系，提高居民收入，并对住房、医疗以及教育问题进行严格把控，努力提高居民的生活水平。

2. 技术创新特别是自主创新能力偏低

创新是一个民族进步的灵魂，是一个国家兴旺发达的不竭动力。它不仅关系着国家的经济利益，更关系着国家安全和民族的未来。中国企业的总体创新能力还较低，主要表现在缺乏创新人才、自主知识产权和核心技术等方面。存在"重引进、轻消化""重模仿、轻创新"的现象，缺乏首创型发明。中国被称为"世界工厂"，但是出口企业没有自主知识产权，出口产品主要为纺织品、服装、电子产品等。由此造成的大部分外向型企业微利生产，应该引起全社会的高度重视。

3. 人力资本水平较低

近年来各省份的劳动力成本在不断上升，而且部分地区劳动力短缺的情况仍然存在，目前中国最充裕的生产要素仍然是劳动力资源，中国的劳动密集型产业仍然具有一定的比较优势，因此，还可以在全球产业分工中承担全球价值链的劳动密集型部分。但是相对发达国家而言，中国在专业化、高端人力资本方面还较为缺乏，现有的人力资本结构与产业结构转型升级所要求的结构不相符。在当今中国人口老龄化程度不断加深以及劳动力成本优势正逐渐丧失的背景之下，必须要加快把劳动力人口压力转变成更具资本水平的竞争优势。以高附加值、高产出来对冲日益提高的劳动力成本，逐步将廉价劳动力转化为优质的人力资源。

4. 企业升级转型压力加大

中国产业结构的转型和升级很大程度上受到发达国家的影响，在全球化的进程之中，中国在产业结构的选择、利益的分配以及转移方式等方面受到很大的限制。近年来，中国对于工业原材料的依存度在不断加大，加上大宗商品市场的卖方处于寡头垄断地位，使得大宗商品价格不断上涨，这也导致了中国工矿企业的成本不断上升，并且直接导致中国企业的利润空间受到极大的打压。

（二）美国产业结构演进制约因素

美国经济在高速发展的背景之下，其产业结构的调整依然不可避免地受到一些制约因素的影响。

1. 过度依赖消费

过度依赖消费的经济增长模式给美国产业结构的调整和升级带来巨大的风险。受到宗教文化和历史发展的影响，美国经济长期以来受消费主义的影响。个人消费开支所占国内生产总值的比重居高不下，在 2008 年国际金融危机之前，美国个人消费开支所占国内生产总值的比重已经高达 70% 以上，居民个人所承担的债务迅速膨胀，而相对应地，居民个人的储蓄率也下降至零甚至下降成负值。金融危机的爆发也表明沉重的债务使得整个美国经济都面临着巨大的风险，而在金融危机之后美国过度消费的局面仍未能彻底解决，美国居民家庭所承担的债务占其可支配收入的比重有着上升的趋势，这使得美国人和整个美国经济都笼罩在危险之下，过度依赖消费的经济增长模式已经不可持续。

2. 贸易失衡

2000 年以来美国贸易失衡特别是进口剧增的问题日益突出，在 2006 年，美国经常项目逆差占国内生产总值比重达到 6.8%，创历史之最。由于多数价格较为低廉的商品在美国国内已不再进行生产，因此消费者对这些商品所增加的需求大部分都需要依靠进口来满足，贸易失衡是经济全球化发展的必然结果，但这也给美国产业结构的调整和升级带来新的挑战。

3. 产业"空洞化"程度加深

"去工业化"和虚拟经济的发展使得美国产业"空洞化"的程度日益加深。特别是 20 世纪 80 年代以来，伴随着经济全球化进程的不断加快以及信息技术的日益普及，美国实行了大规模的"去工业化"进程。随着"去工业化"进程的日益推进，大部分本土制造业转移到海外，特别是转移到人工劳动力成本相对较为低廉的新兴经济体，而本土制造业所占美国国内生产总值的比重下降到 12% 左右，再加上服务业尤其是金融服务业的快速发展，虚拟经济的发展增速远快于实体经济。虽然美国政府吸取金融危机的教训，主动推行"再工业化"政策，力图挽救本土制造业，但事实证明效果并不是太好，虚拟经济的过度发展，容易使得经济发展形成泡沫，金融秩序受到冲击，影响到实体经济的发展，也会给美国产业结构的演进带来不利影响。

4. 经济长期竞争力的基础不牢固

美国经济的长期竞争力虽然一直处于世界领先地位，但受到国内劳动力成本不断上升的制约，加上国内医疗保障、基础设施以及教育问题造成了美国企业经营成本不断加重。近年来美国受到财政问题的影响，对国内基础设施投资不足，导致其国内大量交通和通信设施陈旧，致使大部分企业尤其是中小型企业的经营成本大幅上升。债务方面，2014 年，虽然债务危机对于全球金融市场的影响已经逐渐消退，但是发达国家的整体负债率却一直在上升。随着债务率的进一步提升，美国利用财政手段对经济结构的调整和升级做出支持的作用将非常有限。这些都从根本上制约着美国产业结构的调整和升级，未来随着其人口老龄化趋势的进一步加深，美国的经济发展将不堪重负。

第二节　产业结构演进驱动因素影响分析

结合前文分析的结果，产业结构演进的驱动因素包括需求因素、供给因素、国际贸易和国际直接投资等方面，下面逐一对其进行分析。

一、需求因素分析

（一）消费需求

有统计数据显示，当人均产值为 300 美元时，人们的消费需求主要是解决温饱问题，此时与饮食和穿着相关的产业便存在着一定的发展机会，例如农业中的种植业或畜牧业。而当人均产值在 300 美元以上时，温饱问题得到一定程度上的解决，个人消费需求从生活必需品转向非必需品，主要指的是耐用品的消费，此时的生产将随着消费需求的改变而调整，例如以制造业为主的基础工业和重工业。人均收入水平持续提高，能够生产出的产品或能够提供的服务也越来越丰富多样，人们可选择的范围将极大地扩展，此时开始出现更高层次的消费需求，即精神需求或享受层面的需求，少品种和大批量的生产方式逐渐被多样化和小批量的个性化生产方式所取代。与此同时，与产品有关的售前或售后服务有了较快发展，信息咨询、科技服务、金融服务等不断发展，产业链得以不断延伸和完善，促使产业结构向知识型产业方向转变。总之，随着时间的逐步推移，消费需求不断调整和升级，而与之对应的消费品也在不断地改进以更好满足大部分人的需求，大规模的个人消费需求最终趋同上升成为社会总需求，从而影响了产业结构的调整。

（二）投资需求

投资需求分为固定资产的投资需求和流动资产的投资需求，固定资产的投资需求还能够影响技术进步，从而影响产业结构演进。2008 年次贷危机爆发之后，中国政府推行大规模财政刺激计划，在当时有力地推动了各地区基础设施的建设，不少地方政府或者国有企业在获得国家政策的支持或是资金的资助之后，进行了一些大规模的市政建设工程、高速公路等基础设施的投资，在政府或者国有企业拥有大量投资需求的影响之下，技术进步与劳动生产率都获得了一定程度的提高，与基础设施建设领域密切相关的以钢铁、煤炭、水泥等为代表的行业也获得了一定的发展，同时从宏观层面也实现了当时保持 GDP 增速的经济目标。

（三）出口需求

随着当前经济全球化进程的进一步推进，各国之间的经贸交流活动越来越频繁，出口需求可以影响技术进步，也会影响国内的产业结构。例如，俄罗斯拥有丰富的油气资源，不仅可以满足其国内人民的生产生活需求，也可以出口换取大量的外汇。通过这些外汇又可以进口大量高科技机器设备，这对其国内的产业结构产生了重要的影响。

二、供给因素分析

供给因素主要体现在资金总量、资金投资方向和技术创新等方面。资金总量对于产业结构演进的影响相对而言较好理解，一般情况下，从资金投入产出的效率来看，资金的投入量越大，产出的规模越大，能够提供的服务越多，在市场价格或者行业集中程度较高的情况下，所获得的资金回报也就越多。对于资金投资的方向，最常见的理解便是政府为了扶持某一相关产业的发展，对有关行业进行了大量的资金支持或者引导资金进入了某类行业。例如，国家对光伏产业和新能源汽车行业进行了资金支持和补贴，又比如为了引导民营资本进入公共基础设施建设领域，国家推出了万亿项目的 PPP 计划，这些活动都大大提高了这些行业的技术水平，促进了产业升级。

技术创新同样在推动着产业结构的演进，科学技术的不断进步使得需求结构改变，从而推动产业结构改变。总的来看，技术进步促进产业结构演进的作用机理是，针对某一产业，当该产业产品的需求价格弹性较大的时候，价格的适当下降就能引起需求的大幅增长，因此技术进步既能促进该产品的产量增加，又能够提高该产业部门的总体收益。随着该部门收益的提高，一些生产要素会流向该产业，当该产业的产品需求价格弹性较小时，收益会随之下降。在这种情况下，该产业的部分生产要素就会流向其他效益更高的产业，新的生产要素的流入将会有利于促进需求价格弹性较大的产业部门发展壮大，同时也会加快需求价格弹性较小的产业部门产品的衰退，从而导致产业结构的变化和演进。

三、国际贸易

国际贸易作为经济全球化的前导和反映形式，承载着经济繁荣背后的复杂运作过程，国际贸易对产业结构升级的影响主要是通过对商品和技术的进出口，最终以改善国内各部门的投入产出效率来实现的。正是通过国际贸易，人才、资本、金融、信息技术等要素才得以在全球范围内自由流通，这些优质的生产要素总是会趋向于流向那些具有发展潜力的产业，最终实现资源的最优化配置。

在促进各国产业结构演进方面，国际贸易使得各国的产业在世界市场进行竞争和发展，各国之间的竞争实质上是产业之间的竞争和产业深化。产业深化指的是国际分工趋势进一步加深，产业的链条越来越长且细化，最终影响到国内的产业结构。国际贸易与产业结构之间主要是通过国际利益的比较机制得以实现，国际利益的比较机制，一方面，会使得一国产业结构向某种资源密集型的模式倾斜，如劳动密集型、资金密集型和技术密集型等；另一方面，这种比较机制中成本较低的专业化存续，在国与国的相互贸易中处于有利地位，反过来对国内产业结构调整也十分有利，这将进一步导致一国的生产资源流向拥有比较优势的产业部门，从而改善国际贸易的参与国之间的资源配置效率、科学技术程度和社会福利。

从当前来看，以美日为代表的大部分发达国家的产业结构已经处于高级化的区间，而发展中国家的产业结构则由于政治、历史、文化等因素在不同程度上存在着一些问题。当前的国际贸易格局仍然是发达国家出口加工制成品，发展中国家出口初级原材料，发达国家占据产业链条的上游，而发展中国家则处于低附加值的中下游。随着全球化进程的持续推进，发达国家变得越发富有，而发展中国家由于初级产品市场竞争激烈，则越发处于劣势地位，产业结构也变得单一，若是遇到世界经济危机，情况更是雪上加霜。不过国际贸易为发展中国家提供了向发达国家学习技术、寻求产业升级的好机会，无论是发达国家还是发展中国家的经济发展都不可能闭关锁国，脱离经济全球化去发展，运用好自身的资源禀赋优势，主动寻求技术的升级改造，推动产业结构进行调整和优化，无疑才是更加明智的选择。

四、国际直接投资

国际直接投资对一国产业结构的影响也同样较为复杂，总体来看，大致分为两个方面，即直接影响和间接影响。直接影响往往指的是国际直接投资对所投资产业或是相关产业的影响。例如，在银行业中，大型商业银行参与国际化竞争，进行国际投资是其进行对外扩张的重要步骤，具体形式是可以在东道国设立分支机构，即分行和支行体系，此外还可以通过并购东道国国内商业银行的形式进行投资。在这种形势下，国际投资对于东道国相关产业的发展影响明显，一方面会增加整个市场的规模，另一方面则会激化整个市场的竞争格局。国际直接投资对东道国产业结构的间接影响相对较为复杂，可将这种间接效应归纳为以下几个方面：

（一）技术学习效应

从投资方的角度而言，不论是采用新设立企业的方式参与国际直接投资，还是通过并购的方式参与国际直接投资，投资方都会考虑将本企业的先进技术移植到东道国内。由于国际直接投资的高风险性，投资方一般都会设计出一套相对先进的或有别于东道国既有经营模式的新技术，这种技术往往包括管理制度、企业文化、计算机网络技术等。从被投资方的角度而言，投资方能够带来一些先进的技术，这些先进的技术往往会被被投资方模仿，最终产生一定的扩散效应。

（二）人才培育效应

对于投资方而言，国际直接投资除了依托于资本，更重要的是依托于人才团队。国际直接投资实质上面临着较高的风险，这种风险可能来自经济、政治、文化等多个方面，再完备的事前分析或是再精密的经营规划，如果没有好的人才团队，就意味着没有好的执行力，投资失败的风险将大大增加。对于被投资方而言，国际直接投资必然会培育出具有技术经验、管理经验、营销经验的人才，而这些人才的流动又将会促进东道国相关产业的发展，成为提升整体产业水平的重要力量。

（三）创新效应

在国际直接投资中，投资方所带来的先进技术不仅会被模仿，还有可能会被被投资方进行改良，毕竟被投资方对本国市场具体情况的了解认知，要胜于投资方对东道国具体情况的了解，投资方的先进技术在被被投资方模仿的同时其实也在不断被改良，那么这就极有可能促进被投资方进行技术创新，并通过示范扩散效应将创新的技术再次推广，最终提升整个产业的效率。

（四）竞争效应

投资方进行国际直接投资的目的还在于开拓新的市场，占据东道国的市场份额，那么必不可少地将会与东道国的企业产生竞争，这种竞争有积极的一面，主要体现在技术学习效应、人才培育效应、创新效应三个方面；也有消极的一面，如投资方利用自身的优势逐步排挤和兼并东道国的其他企业，或是通过恶性的价格竞争，不断打压东道国的企业，最终形成较强的垄断势力后开始提升价格,从而阻碍一国产业的发展。

　　国际直接投资包括资本的流入和流出,会影响到本国产业的对外转移,也会促使外部产业的对内转移,这两个方面都将会引致一国产业结构的演进。它对国内产业结构变动的影响往往是一种更为直接的"内波冲击",一方面,国际直接投资以跨国公司作为载体,直接利用东道国的比较优势,深入他国产业结构的内部,即深入部门和企业内部,带动投资过的资本货物的出口;另一方面,国际直接投资又是劳动力国际流动和国际技术转让的载体,能够促进输入国劳动力素质、管理水平、技术水平的提高,从而促进经济的增长和产业结构的演进。总的来看,由国际直接投资促进产业结构调整的通道主要有两个方面,一是通过直接兼并东道国的企业,并在此过程中直接将经营观念、生产技术、企业管理、产品营销和市场网络进行转移,从而实现"一揽子创造性投资";二是通过设立新企业,形成高质量的资本增量。投资方的技术一般相对输入国同类产业而言较为先进,对其相关产业的长期增长至关重要,也有利于输入国产业结构演进。[①]

第三节　技术进步对产业结构
演进的影响机理分析

　　本节运用索罗模型分析技术进步对产业结构演进的影响机理,索罗模型对经济增长问题的解释是比较经典的,而产业结构演进过程也是实现经济增长的过程。那些内生增长模型对产业增长、经济增长的解释,也往往只有在与索罗模型相比较时才具有较好的理解力度。[②] 本节构建了三类索罗模型——未考虑技术进步的索罗模型、考虑技术进步的索罗模型和考虑人力资本情况下的索罗模型。通过对这三种索罗模型的推导与比较,深入分析技术进步对产业结构演进的影响机理。

---

① 吴进红. 开放经济与产业结构升级 [M]. 北京:社会科学文献出版社,2007:78 - 79.
② 戴维·罗默. 高级宏观经济学 [M]. 苏剑、罗涛,译. 北京:商务印书馆,2004:10.

一、未考虑技术进步的索罗模型

通过构建未考虑技术进步的索罗模型分析，我们得出一个基本比较模型参考系，在此模型分析的基础上，进一步通过构建后面两种模型，来分析技术进步对产业结构演进的影响机理。

（一）假设条件

未考虑技术进步的索罗模型的假设条件有：①假定没有技术进步；②人口增长率为常数（用 n 表示）；③假定生产的规模报酬不变；④假定生产函数符合柯布—道格拉斯函数形式。

未考虑技术进步的索罗模型里有两个重要的函数——生产函数与资本积累函数，通过对这两个函数的推导，可以求得经济均衡增长路径。

（二）生产函数

索罗模型以及其后的新增长模型都用到了柯布—道格拉斯函数所建立的理论基础，未考虑技术进步索罗模型中的生产函数形式为：

$$Y_t = A_0 F(L_t,\ K_t)$$

即：
$$Y_t = A_0 L_t^{1-\alpha} K_t^{\alpha} \tag{3-1}$$

在规模报酬不变的假设条件下，对劳动力（L）、资本（K）同时乘以任一非负常数（C），那么导致产量发生同比例变动。即：

$$AF(CL,\ CK) = CAF(L,\ K) \quad C \geqslant 0 \tag{3-2}$$

进一步将式（3-2）表示成：

$$AF\left(\frac{K}{L},\ 1\right) = \frac{1}{L} AF(K,\ L)$$

即：$F\left(\dfrac{K}{L},\ 1\right) = \dfrac{1}{L} F(K,\ L)$

定义 $k = \dfrac{K}{L}$，$y = \dfrac{F(K,\ L)}{L}$，那么可将式（3-2）写成：

$$y = f(k)$$

具体化，将式（3-1）的生产函数用劳动力人均产出 $y = Y/L$ 和人均资本使用量 $k = K/L$ 来表示，并且将不变因素 A_0 略去，可以得到：

$$y = k^\alpha$$

也就是说，通过推导可以将人均产量表示成人均资本量的函数。

（三）模型推导

索罗模型中的资本积累方程，是用来描述经济增长中所投入的生产要素——资本是如何积累的：

根据
$$\dot{K} = sY - dK \qquad (3-3)$$

该方程表示的是资本存量的变化（$\dot{K}$）等于总投资（投资等于储蓄）sY 减去在生产过程中发生的资本消耗（dK）。

人均资本存量为：$k = K/L$

将上式两端取对数形式得：$Ink = InK - InL$

再将上式两端求关于时间 t 的全导数可以得到：

$$\dot{k}/k = \dot{K}/K - \dot{L}/L \qquad (3-4)$$

劳动力和总人口呈现出指数增长，这一指数增长可以通过下面的函数关系得出：$L_t = L_0 e^{nt}$

对上式两端取对数形式得到：$InL_t = InL_0 + nt$

再将上式两端求关于时间的全导数可以得到：$\dfrac{\dot{L}_t}{L_t} = n$

即：劳动力每年增长率为 n

结合式（3-3）和式（3-4）可得：$\dfrac{\dot{k}}{k} = \dfrac{sY}{K} - d - n = \dfrac{sy}{k} - d - n$

这样就推导出了未考虑技术进步的人均收入方程：$y = k^\alpha$，以及索罗模型中的核心方程：

$$\dot{k} = sy - (n+d)k \qquad (3-5)$$

接着推导经济均衡增长的存在性和实现问题：

当 $\dot{k} = 0$（即 $k = k^*$）时，经济实现均衡增长，如图 3-2 所示。

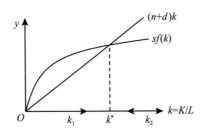

图 3 - 2　未考虑技术进步的索罗模型均衡增长路径

如果 k 不等于 k^*，那么 k 不是小于 k^* 就是大于 k^*，先看 k 小于 k^* 时的情况：假定 $k = k_1$，这时 $sf(k) > (n + d)k$. 根据基本方程 $\dot{k} = sy - (n + d)k$，可知 $\dot{k} > 0$，即人均资本增量大于零。则：

$$\frac{sf(k)}{k} > n + d$$

又因为 $f(k) = y = \dfrac{Y}{L}$，$k = \dfrac{K}{L}$，则上式可写成：

$$s\frac{Y}{L} \times \frac{L}{K} > n + d$$

即：$\dfrac{sY}{K} > n + d$

又因为 $sY = S = I = \dot{K}$，则上式可写成：

$$\frac{\dot{K}}{K} > n + d$$

此时，资本的增长率要大于劳动力的增长率和资本折旧率，经济体中会产生使人均资本量不断增大的驱动力，直到资本的增长率达到所需要的水平（k^*）才停止。当然 k 大于 k^* 时的情况也是一样的。

据此可以认为，经济体中存在着一条稳定的经济均衡增长途径，无论最初的资本 - 劳动比率数值大小如何，从长期来看，经济活动总是朝向均衡的经济增长路径发展，这导致国民收入的增长率等于劳动力的增长率。[1]

---

① 当然这里对资本折旧率忽略不计，以下相同。

（四）均衡状态

在此基础上可以进行经济均衡增长稳定状态的求解：

将 $y=k^{\alpha}$ 代入式（3-5）中，再令式（3-5）中 $\dot{k}=0$，可以得到：

$$k^{*}=\left(\frac{s}{n+d}\right)^{1/(1-\alpha)}$$

再将其代入 $y=k^{\alpha}$，得到：

$$y^{*}=\left(\frac{s}{n+d}\right)^{\alpha/(1-\alpha)}$$

未考虑技术进步的索罗模型，虽然可以得出经济增长均衡状态，但是难以通过此模型的构建来分析技术进步对产业结构演进的影响。不过，考虑技术进步的索罗模型、考虑人力资本情况下的索罗模型是在未考虑技术进步的索罗模型的基础上推导出来的，因此，未考虑技术进步的索罗模型作为被比较模型，也具有较高的比较价值。

二、考虑技术进步的索罗模型

（一）假设条件

与不考虑技术进步的索罗模型相比，考虑技术进步的索罗模型的假设条件有了一些变化，①人口增长率为常数（用 n 表示）；②假定生产的规模报酬不变；③假定生产函数符合柯布—道格拉斯函数形式；④存在技术进步，假定技术进步也是外生的，并且假定每年技术进步率不变（用 g 表示）。

考虑技术进步的索罗模型也是通过对生产函数与资本积累函数的推导，以求得经济均衡增长路径的。

（二）生产函数

在未考虑技术进步的索罗模型的生产函数中加入代表技术进步的变

量 A，就可以得到考虑技术进步的索罗模型的生产函数，如式（3-6）所示：

$$Y_t = F(K_t, A_t L_t)$$

即：
$$Y_t = K_t^{\alpha}(A_t L_t)^{1-\alpha} \tag{3-6}$$

式中，AL 又被称为"劳动增强的技术变量"，由于假设模型中技术进步是外生的，并且假定每年技术进步率不变（用 g 表示），因此，可以得到：$A_t = A_0 e^{gt}$

将上式两端取对数，在此基础上对上式两端求导，可以得到：$\dfrac{\dot{A}_t}{A_t} = g$

在此基础上，可以进行模型及其经济增长均衡状态的推导。

（三）模型推导

与未考虑技术进步的索罗模型的一个很大的不同之处在于：从长期来看，由于引入了技术进步，劳动力人均资本须用另外一个变量表示出来。这个新的变量是 $\tilde{k} = K/AL$，很显然它也等于 k/A，从公式表达形式上看，变量 $\tilde{k}$ 实际上表示的是人均资本与技术的比值关系，可以将其称为"资本—技术"比率（这里所指的资本是劳动力人均资本而不是资本总量）。

将式（3-6）生产函数用劳动力人均产出的形式表述出来，即：

$$y = k^{\alpha} A^{1-\alpha}$$

用 $\tilde{k}$ 改写生产函数，得到：

$$\tilde{y} = \tilde{k}^{\alpha}$$

其中，$\tilde{y} = Y/AL = y/A$，我们将 $\tilde{y}$ 称为"产出—技术"比率。这样我们可以将式（3-4）改写成：

$$\dot{\tilde{k}}/\tilde{k} = \dot{K}/K - \dot{A}/A - \dot{L}/L$$

则资本积累方程可以改写成：

$$\dot{\tilde{k}} = s\tilde{y} - (n+g+d)\tilde{k} \tag{3-7}$$

（四）均衡状态

在此基础上，我们可以通过分析考虑技术进步的索罗模型下，实现经济均衡增长的稳定状态。

当 $\dot{\tilde{k}}=0$（即 $\tilde{k}=\tilde{k}^*$）时，可以得到考虑技术进步索罗模型的经济均衡增长状态，如图 3-3 所示。

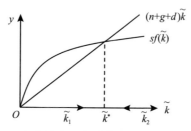

图 3-3　考虑技术进步的索罗模型均衡增长路径

如果 $\tilde{k}$ 不等于 $\tilde{k}^*$，那么 $\tilde{k}$ 不是小于 $\tilde{k}^*$ 就是大于 $\tilde{k}^*$，先看 $\tilde{k}$ 小于 $\tilde{k}^*$ 时的情况：假定 $\tilde{k}=\tilde{k}_1$，这时 $sf(\tilde{k})>(n+g+d)\tilde{k}$，根据基本方程 $\dot{\tilde{k}}=s\tilde{y}-(n+g+d)\tilde{k}$，可知 $\dot{\tilde{k}}>0$，即人均资本增量大于零。则：

$$\frac{sf(\tilde{k})}{\tilde{k}}>n+g+d$$

又因为 $f(\tilde{k})=\tilde{y}=\dfrac{Y}{AL}$，$\tilde{k}=\dfrac{K}{AL}$，则上式可写成：

$$s\frac{Y}{AL}\times\frac{AL}{K}>n+g+d$$

即：$\dfrac{sY}{K}>n+g+d$

又因为 $sY=S=I=\dot{K}$，则上式可写成：

$$\frac{\dot{K}}{K}>n+g+d$$

此时，资本的增长率（即国民收入的增长率）大于劳动力的增长率、资本折旧率和技术进步率。经济体中就有一种使人均资本量不断增加的驱动力，直到达到所需要的水平（$\tilde{k}^*$）为止。当然 $\tilde{k}$ 大于 $\tilde{k}^*$ 时的情况也是一样的。

可以进行经济增长稳定状态的求解，将 $\tilde{y}=\tilde{k}^\alpha$ 代入式（3-7）中，再令式（3 - 7）中 $\dot{\tilde{k}} = 0$，可以得到：

$$\tilde{k}^* = \left(\frac{s}{n+g+d}\right)^{1/(1-\alpha)}$$

再将其代入 $\tilde{y} = \tilde{k}^\alpha$，得到：

$$\tilde{y}^* = \left(\frac{s}{n+g+d}\right)^{\alpha/(1-\alpha)}$$

可以推导出稳定状态下劳动力人均产出的表达式，将上式改写成：

$$y_t^* = A_t \left(\frac{s}{n+g+d}\right)^{\alpha/(1-\alpha)}$$

从上式中可以得知，均衡经济增长条件下劳动力人均产出是由技术（A）、投资率（s）和人口增长率（n）这三个因素共同决定的。

通过分析由考虑技术进步的索罗模型而推导出的经济均衡增长的路径，可以得知：技术进步（g）会导致人均收入 y 提高，但是由于 $\tilde{k} = K/AL = k/A$，因此，技术进步又会降低人均收入 y，但是整体上看，技术进步会使人均收入 y 得到提高。这与现实经济中产业结构演进是相吻合的。

三大产业内部也包含着很多产业、行业，由于存在技术进步，技术进步在推动三大产业内部结构的演进过程中，会使许多技术落后的产业、行业遭到淘汰，而使技术先进的产业、行业得到快速发展。表现在三大产业内部各产业的产值增长上，三大产业中技术落后的产业实际产值增长率不高、增长停滞甚至为负增长，三大产业中技术先进的产业实际产值增长率较高。由于三大产业中技术落后、面临被淘汰的产业产值占整体 GDP 的比重较低，因此，技术进步会使整体 GDP 得到增长。另外，在整体 GDP 得到增长的同时，三大产业中技术落后、面临被淘汰的产业将被淘汰，因此产业结构实现升级。由此，也可以推断出，技术进步推动产业结构演进，产业结构演进也推动经济增长质量的提升。

三、考虑人力资本情况下的索罗模型

美国著名经济学家曼昆（Gregory Mankiw）、罗默（David Romer）于 1992 年高度评价了索罗模型的作用，认为该模型运行良好。同时他们也认为，如果索罗模型可以加上人力资本进行分析，则会更加具有解释力。[①]

（一）假设条件

与考虑技术进步的索罗模型的假设条件相比，由于考虑人力资本情况下的索罗模型是在考虑技术进步的索罗模型中加入了人力资本或熟练劳动力的影响，因此考虑人力资本情况下的索罗模型的假设条件发生了一个重要变化，即：不再适用于生产的规模报酬不变的假设，而应该改成生产的规模报酬可变。

同理，考虑人力资本情况下的索罗模型也是通过对生产函数与资本积累函数的推导，以求得经济均衡增长路径的。

（二）生产函数

考虑人力资本情况下的索罗模型，就是在索罗模型中加入人力资本或熟练劳动力因素，模型如式（3-8）所示：

$$Y_t = K_t^{\alpha}(A_t H_t)^{1-\alpha} \tag{3-8}$$

式中，Y_t 为产出，K_t 代表物质资本，A_t 表示劳动增强型的技术，以固定的增长速度 g 增长，同时，A_t 是给定的变量（外生变量），H_t 代表熟练劳动力，并且 H_t 表达式为：

$$H_t = e^{\varphi u}L$$

式中，u 代表劳动者用于提高劳动技能的学习时间，L 代表非熟练劳动力，φ 是一个数值为正的常数。

（三）模型推导

投资对物质资本的积累具有重要作用，物质资本是通过投资形成的，如下式所示：

$$\dot{K} = s_K Y - dK$$

式中，s_K 代表物质资本的投资率，d 代表折旧率。

---

① 查尔斯·I. 琼斯. 经济增长导论 [M]. 舒元，等译校. 北京：北京大学出版社，2002.

用劳动力人均产出的形式对方程式（3-8）中的生产函数重新表述，可以得到式（3-9）：

$$y = k^{\alpha}(Ah)^{1-\alpha} \tag{3-9}$$

这里 $h = e^{\varphi u}$

可以仿照引入技术进步索罗模型的做法，将 $\tilde{k} = K/AH$　$\tilde{y} = Y/AH$

那么式（3-9）变为：

$$\tilde{y} = \tilde{k}^{\alpha}$$

资本积累方程可以改写成：

$$\dot{\tilde{k}} = s_K \tilde{y} - (n+g+d)\tilde{k}$$

（四）均衡状态

稳定状态的求解：

将 $\tilde{y} = \tilde{k}^{\alpha}$ 代入 $\dot{\tilde{k}} = s_K \tilde{y} - (n+g+d)\tilde{k}$ 中，设 $\dot{\tilde{k}} = 0$，可以得到：

$$\tilde{k}^* = \left(\frac{s_K}{n+g+d}\right)^{1/(1-\alpha)}$$

再将其代入 $\tilde{y} = \tilde{k}^{\alpha}$，得到：

$$\tilde{y}^* = \left(\frac{s_K}{n+g+d}\right)^{\alpha/(1-\alpha)}$$

将上式进行变换，可以得到用劳动力人均产出表示的经济稳定增长状态表达式，其表达式为：

$$y_t^* = hA_t\left(\frac{s_K}{n+g+d}\right)^{\alpha/(1-\alpha)}$$

用劳动力人均产出表示的经济稳定增长状态表达式可以对世界上各个国家人均收入的差异进行合理解释。人均收入较高的国家（富国）通常有较高的投资率，会花较长的时间进行学习，以提升自身的各项技能，同时也有较低的人口增长率以及拥有高新技术（专利）等。人均收入较低的国家（穷国）通常有较低的投资率，人们学习的时间较短，劳动者的劳动技能水平不高，同时也有较高的人口增长率以及缺少高新技术（专利）等。

通过分析考虑人力资本情况下的索罗模型而得出的经济均衡增长状

态，也可以得知：技术进步（g）会导致人均收入 y 提高，但是由于 $\tilde{k} = K/AH$，因此，技术进步又会降低人均收入 y，但是整体上看，技术进步会使人均收入 y 得到提高。这也与现实经济中产业结构演进相吻合，三大产业中技术落后的产业实际产值增长率不高、增长停滞甚至为负，三大产业中技术先进的产业实际产值增长率较高。由于三大产业中技术落后、面临被淘汰的产业其产值占整体 GDP 的比重较低，因此，技术进步会使整体 GDP 得到增长，并且三大产业中技术落后的产业得到淘汰，因此产业结构实现升级。区别在于经济体中非熟练的劳动力（L），花费一定的时间（U）去学习技能，则会形成人力资本（H），促进技术进步，从而对产业结构升级产生一定的促进作用。因此，考虑人力资本情况下的索罗模型能更好地解释技术进步对产业结构演进的影响。

第四节　本 章 小 结

纵观世界各国的经济发展及产业结构演进过程，发现经济增长和产业结构演进在很大程度上均取决于科技进步。科技进步不仅可以促进新兴产业的快速发展，也可以淘汰落后产业，进而加快整个经济的不断发展。

本章构建了三类经济增长模型——未考虑技术进步的索罗模型、考虑技术进步的索罗模型和考虑人力资本情况下的索罗模型，通过技术进步对产业结构演进的影响机理进行分析。未考虑技术进步的索罗模型主要是用来与考虑技术进步的索罗模型和考虑人力资本情况下的索罗模型做比较。根据对考虑技术进步的索罗模型的分析可以得知，技术进步（g）会导致人均收入 y 提高，但是由于劳动力人均资本等于人均资本与技术的比值（$\tilde{k} = K/AL = k/A$），因此，技术进步又会降低人均收入 y，但是整体上看，技术进步会使人均收入 y 得到提高。根据对考虑人力资本的索罗模型的分析可以得知，技术进步（g）会导致人均收入 y 提高，但是由于 $\tilde{k} = K/AH$，因此，技术进步又会降低人均收入 y，但是整体上看，技术进步会使人均收入 y 得到提高。

　　这与现实经济中产业结构的演进相吻合，三大产业中技术落后的产业实际产值增长率不高、增长停滞甚至为负，三大产业中技术先进的产业实际产值增长率较高。由此，也可以推断出，技术进步推动产业结构演进，产业结构演进也推动经济增长质量的提升。

　　本章从需求因素、供给因素、国际贸易与国际直接投资等方面分析开放经济条件下产业结构演进中的技术进步来源，又通过三类索罗模型——未考虑技术进步的索罗模型、考虑技术进步的索罗模型和考虑人力资本情况下的索罗模型，分析技术进步对产业结构演进的影响机理，从理论层面论述了需求因素、国际贸易与国际直接投资、创新活动等因素导致的技术进步对产业结构演进的作用机理。在本书的第七章，将通过构建计量模型的形式，对本章所分析的理论模型进行检验。

第四章 中美两国产业结构演进历程、特征及趋势比较分析

纵观人类社会经济的发展，各国经济发展相对应的产业结构存在着较大的差异，具体表现在三次产业之间的构成比例和三次产业内部的构成比例两个方面。尽管如此，随着人类社会的不断发展，各国产业结构在一定时期之内呈现出一般性的规律特征，产业结构与经济发展水平相适应，产业发展呈现出由低级向高级转变的发展过程。具体对于产业结构演进规律的研究，可以从三次产业之间的演进规律和三次产业内部行业之间的演进规律进行分析：前者包括产业发展阶段的演进规律、主导产业转换规律、劳动力转移规律和比较劳动生产率演进规律；后者具体指第一产业内部演进规律、第二产业内部演进规律、第三产业内部演进规律。本章按照时间发展的先后顺序，分别对中美两国产业结构演进的历程进行了研究和分析，在此基础之上，总结出中美两国产业结构演进过程中各个阶段出现的特征，并找出二者之间相同的一些基本特征，进而对中美两国产业结构演进的特征进行比较分析，最后从中美两国面对当前复杂的国内外经济形势入手，重点分析了中美两国产业结构演进的趋势。

第一节　中美两国产业结构演进的历程

一、中国产业结构演进历程

中国产业结构的发展演进历程，应该从 19 世纪 60 年代的"洋务运动"开始计算，之前的中国以农业为主，没有系统完整的产业结构体系。近代中国的工业化经历了清王朝末期、民国时期、新中国成立至改革开放前、改革开放以来四个历史阶段，时间长达 160 余年。探索中国产业结构演变历程，也就是探索中国工业化发展所反映出来的普遍性与特殊性规律。

1949 年 10 月到 1952 年底，新中国面临的是一个工农业生产受到严重破坏、通货膨胀严重、城乡交流不畅的"烂摊子"，经济发展举步维艰。但是新中国仅用了 3 年的时间，就使国民经济基本得到恢复，在一定程度上改变了旧中国工业化水平低，产业结构严重失衡的状态，为社会主义改造奠定了一定基础。这段时期施行有计划的经济发展战略，国内的产业发展问题开始逐渐受到重视。总的来看，从 1949 年 10 月至今，我国的产业结构共经历了四个重要的阶段，现以四个阶段的三次产业增加值的时间序列来大致描述我国产业结构演进的基本规律特点。

我国的第一产业增加值在 1954～1960 年间呈现出急速下降的趋势，但从 1960 年开始到 1970 年左右又取得一定的增长，虽然有所反复，但第一产业总的趋势在不断走低。1952 年第一产业的增加值比重为 50.2%，但到了 2020 年第一产业增加值比重已下降到 7.7%。第三产业增加值在不断上升，1952 年第三产业的增加值比重为 28.7%，2020 年已上升至 54.5%。第二产业的增加值则与第一产业的走势大体上背离，第二产业的增加值在 1954～1960 年之间迎来了快速的上升，而在 1960～1970 年所占比重又有所下降，刚好与第一产业的增加值形成"你增我减，你减我增"的对称关系。第二产业总的趋势呈现出稳中有升的态势，第二产业增加值占比由 1952 年的 20.8% 上升至 1980 年的 48.2%，[①] 但是最近几年又呈现出下降的趋势。第三产业则在新中国成立后至 20 世纪 80 年代初期一直保持着相对平稳的比例，从 80 年代后期开始迎来持续增长，目前第三产业的增加值已跃居第一，并且势头不减。

总之，从新中国成立至今，中国的产业结构不断得以优化，三次产业结构比例已逐渐趋于合理，按照上述三次产业增加值的历史趋势图和相关资料的查阅和梳理，本书将国内的产业结构演进划分为四个阶段进行研究，即计划经济时期的产业结构（1952～1978 年）、产业结构的补足型调整时期（1979～1991 年）、社会主义市场经济体制下的产业结构演化（1992～2005 年）、新时期可持续发展战略下的产业结构演化（2006 年至今），以下将对这四个阶段分别进行研究。

（一）计划经济时期的产业结构（1952～1978 年）

从清朝末期至新中国成立前，商品经济有了一定的发展，洋务运动之后，近代企业开始逐渐兴起，一些机械制造企业、纺织企业、钢铁企业等蓬勃兴起，这些企业的出现有力地推进了产业雏形的形成和发展，为新中国成立后的产业发展奠定了一定的基础。

新中国成立之后，国家从真正意义上实现了独立统一。不过尽管当时已经没有了大范围的直接战争侵扰，国家发展却面临着内忧外患的格局。从国内环境来看，新中国成立之初，由于长期受到战争的摧残和官僚资本主义的压榨，国内社会经济一片混乱，百废待兴，新中国急需强有力的调整以实现经济恢复和社会稳定。从国外环境来看，当时苏联的计划经济体制取得了一定的成效，不少社会主义国家对其进行了效仿，苏联在新中国成立初期也在各方面对中国进行了积极的援助，我国的计划经济体制在苏联的帮助下开始逐渐建立。

中国的计划经济时期主要是指从 1952 年开始至 1978 年共 26 年的历史时期，在这一阶段当中，中国的经济发展模式主要是学习和借鉴苏联的

---

① 资料来源：2021 年《中国统计年鉴》，数据通过整理后得出。

计划经济发展模式。计划经济体制有以下四个方面的主要特征：一是公有制经济在所有制结构中占据主导地位。二是资源配置的决策权高度集中于中央政府手中，国家是经济发展和运行的核心主体，既管理经济也直接参与经济活动。例如，在金融领域，国家推行大一统的银行体系制度，中国人民银行既是金融行政管理机关，又是具体银行业务的经营实体，资本这一生产要素受到了国家严格的控制。三是商品价格受到行政指令的影响明显，价格不再是市场供求关系的灵活反映，同时市场在资源配置中也难以发挥作用。四是国家广泛运用政治动员和精神鼓励的方式来弥补物质激励的不足，即经济生活开始逐渐政治化。随着工业化进程的逐渐推进，这种粗放式、低效率、封闭型的经济增长方式开始不适应社会发展。

计划经济时期伊始，由于我国整体经济发展水平还相对落后，尤其是关乎国民经济命脉的重工业发展滞后，加之国内外局势还未完全稳定下来，因此中央在这一时期进行计划经济发展的思路是优先发展重工业，也正是因为这一时期取得了一定的成绩，造成从中央到地方的经济建设目标都高出了实际生产能力，使得当时我国的产业结构失衡，造成了较大的社会资源浪费。表4-1具体描述了在计划经济时期，我国整个国民经济中工业与农业的发展情况。

表4-1　　　　　　　1952～1978年中国工业与农业发展情况

农业增长率（%）	工业增长率（%）	工农业之比（农业/工业）
2.7	11.4	1:4.22
轻工业增长率（%）	重工业增长率（%）	轻、重工业之比（轻工业/重工业）
9.3	13.8	1:1.48

资料来源：历年《中国统计年鉴》。

通过对表4-1进行数据分析不难得出，在26年的计划经济时期，中国的产业结构出现了相当明显的倾向性。具体而言，工业增长率达到了11.4%，约是农业增长率2.7%的4.22倍。而在工业内部也存在着倾斜性，重工业的增长率约是轻工业增长率的 1.5 倍，较为直观地反映出我国在计划经济时期优先发展重工业的思路。就工农业总产值的比重而言，在1952 年，轻工业、重工业、农业所占的比重分别为 26.7%、14.8% 和58.5%，而到了 1978 年，轻工业、重工业、农业所占的比重分别为31.8%、42.6% 和 25.6%。① 通过以上数据可以得出，在整个计划经济发展阶段中，重工业的发展速度最为迅猛，轻工业次之，而农业的增长速度则出现了大幅度的下降。若从三次产业的划分方法来看，也同样呼应了以农、轻、重作为划分依据进行研究的结论。总的来看，在计划经济时期，我国的第一产业增加值所占比例由最初的 50.5% 下降至 27.7%，下降幅度接近 50%。而与之相对应的第二产业增加值所占比例由最初的 20.8%上升至 46.7%，增长幅度超过 100%。第三产业的发展在这一时期处于相对平稳的状态（见图 4-1）。

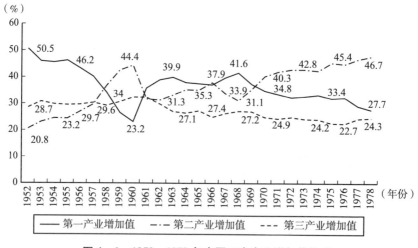

图 4-1　1952~1978 年中国三次产业增加值构成

资料来源：国家统计局数据库。

从图 4-1 中不难发现我国处于计划经济时期三次产业的构成比例关

---

① 资料来源：国家统计局数据库，http://www.stats.gov.cn/。

系，新中国成立初期以农业为代表的第一产业占据着较高的比例，而相比之下工业的发展远不及农业，亦不及第三产业的发展。1956 年计划经济体制在我国得以最终确立，与之相对应的是产业结构发生的重大调整，在优先发展重工业的思路之下，短短 4 年的时间，第一产业与第二产业的发展关系就发生了逆转，突出表现为第一产业增加值迅速下跌，而第二产业增加值的比重则取得了迅猛的上升，值得注意的是 1960 年第一产业增加值跌到了这一时期中的最低点，原因为这一时点中国部分地区发生了严重的自然灾害。此后第一产业和第二产业的发展还呈现出一次较大幅度的波动更替，即 1965 ~ 1970 年第一产业的增加值再次超过了第二产业，这一时期正值"文化大革命"，经济发展停滞，特别是在工业相对发达的大中型城市当中，由此造成了第二产业在这一时期的再一次下跌。自 1970 年开始至 1978 年，第一产业的增加值再未超过第二产业，两者之间的差距也越来越大。

客观而言，高度集权的计划经济发展思路在这一时期取得了一定的成绩，该经济模式较为成功地把中国由一个落后的农业化国家，有计划地转变成了一个初步具备完整工业体系的国家。无数的实践有力地证明了生产关系与生产力要相互适应，三次产业之间需要平衡协调发展，各产业的发展更要有基础支撑，实现产业的发展不是一蹴而就，而是循环渐进的过程。例如，计划经济时期过度强调工业尤其是重工业的发展导致整个国民经济体系中产业结构失衡，粮食以及日常生活消费品短缺，国民经济得不到持续健康的发展，计划经济时期所形成的产业结构到了不得不调整的时候。

（二）产业结构的补足型调整时期（1979 ~ 1991 年）

1978 年改革开放伊始，中国的产业结构发展步入了补足型调整时期，这一时期国民经济的发展中，进出口贸易发展速度开始加快。1979 ~ 1991 年中国三次产业占 GDP 比重及其增长率变化如表 4 - 2 所示。

表4-2　　1978~1991年中国三次产业占GDP比重及其增长率变化

年份	国内生产总值（亿元）			增长率（%）			比重（%）		
	第一产业	第二产业	第三产业	第一产业	第二产业	第三产业	第一产业	第二产业	第三产业
1978	1027.5	1745.2	872.5	4.1	15.0	13.8	28.2	47.9	23.9
1979	1270.2	1913.5	878.9	6.1	8.2	7.9	31.3	47.1	21.6
1980	1371.6	2192.0	982.0	-1.5	13.6	6.0	30.2	48.2	21.6
1981	1559.5	2255.5	1076.6	7.0	1.9	10.4	31.9	46.1	22.0
1982	1777.4	2383.0	1163.0	11.5	5.6	13.0	33.4	44.8	21.8
1983	1978.4	2646.2	1138.1	8.3	10.4	15.2	33.2	44.4	22.4
1984	2316.1	3105.7	1786.3	12.9	14.5	19.3	32.1	43.1	24.8
1985	2564.4	3866.6	2585.0	1.8	18.6	18.2	28.4	42.9	28.7
1986	2788.7	4492.7	2993.8	3.3	10.2	12.0	27.2	43.7	29.1
1987	3233.0	5251.6	3574.0	4.7	13.7	14.4	26.8	43.6	29.6
1988	3865.4	6587.2	4590.3	2.5	14.5	13.2	25.7	43.8	30.5
1989	4265.9	7278.0	5448.4	3.1	3.8	5.4	25.1	42.8	32.1
1990	5062.0	7717.4	5888.4	7.3	3.2	2.3	27.1	41.3	31.6
1991	5342.2	9102.2	7337.1	2.4	13.9	7.7	24.5	41.8	33.7

注：本表的国内生产总值的比重按当年价计算，增长率按不变价格计算。
资料来源：历年《中国统计年鉴》。

　　从表4-2的数据中不难看出，改革开放初期中国的三次产业增加值水平相对较低，远远落后于当时西方发达国家的经济发展水平。随着改革开放政策的深入开展，中国经济的活力得到了极大的发展和解放，在整个产业调整补足时期，三次产业的年均增速分别达到了5.27%、10.02%和11.12%。至1991年，第一次产业比1978年增加了约4.2倍；第二次产业比1978年增加了约4.2倍；第三次产业比1978年增加了约7.4倍，而三次产业增加值的比值变为24.5∶41.8∶33.7，从这一组数据中可以明显看出第三产业的比重有了较快的增长。

　　从表4-2中可以直观地看出，第一产业所占增加值的比例在改革开放的前两年是上升的，由1978年的28.2%上升为1982年的33.4%，通过相关历史资料的查阅，我们了解到这主要是由于当时以家庭联产承包责任制为代表的农村改革是经济改革的首选重地，家庭联产承包责任制的推行，有效地解放了农村经济的生产力。但在此之后经济改革的重心由农村转向城市，与之相对应的是，以农业为代表的第一产业增加值所占国民经济的比重开始持续下降，由1982年的33.4%下降到1991年的24.5%；第二产业增加值占国民经济的比重在这一时期总体上也呈现出缓慢下降的趋势，到1991年这一数值下降到了41.8%；相对应的第三产业增加值占国民经济的比重总体呈现出缓慢上升趋势，在1985年第一次超过了第一产业增加值的比重，达到了28.7%，并在1991年达到了33.7%。

从三次产业对GDP的贡献度来看（见图4-2），整个时期中的大部分时段，第三产业的发展对于GDP的增长都具有较大的贡献，有两个特殊的时点即1980~1983年之间，第一产业和第三产业对GDP增长的贡献几乎同时大过了第二产业，这一原因与当时农村经济改革有很大的关系。总的来看，在产业结构的补足型调整时期，中国产业结构最大的特点就是第三产业迅速发展，一直以来我国较为注重发展以重工业为主的第二产业，这造成了与人民生活相关的第三产业发展得相当缓慢，资源过度向工

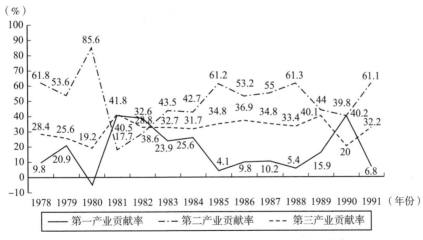

图4-2 1978~1991年中国三次产业对GDP贡献率

资料来源：国家统计局数据库。

业集中，人民生活水平发展缓慢。随着基本生存问题的解决，人民要求高水平生活的愿望越来越强烈，需求也越来越多样化，加之进出口贸易使得大量的消费品涌入国内市场，在此大背景之下，第三产业取得了较大的增长幅度，第一产业与第三产业在 1985 年之后出现了交叉更替的现象，即在改革开放之后的短短 7 年时间当中，中国产业结构的发展从"二一三"开始变为"二三一"的产业结构形式，中国的产业结构调整在补足时期得到了持续性的优化，经济发展也开始步入一个新的阶段。

（三）社会主义市场经济体制下的产业结构演化（1992~2005 年）

在 1979 年 11 月邓小平首次提出"社会主义也可以搞市场经济"的观点之后，[①] 我国的经济发展体制思路开始逐渐由计划经济体制转向市场经济体制，1984 年 10 月党的十一届六中全会正式确立了"计划经济为主，市场经济为辅"的改革思路，1987 年党的十三大进一步提出了社会主义有计划商品经济的体制应该是计划与市场内在统一的体制的观点。直至 1992 年，我国建立社会主义市场经济体制，从国家层面正式确立了大力发展市场经济的思路，在这样的背景之下，我国的产业结构和经济增长又迎来新一轮的发展。1992~2005 年中国三次产业占 GDP 比重及其增长率变化如表 4-3 所示。

表 4-3　　　1992~2005 年中国三次产业占 GDP 比重及其增长率变化

年份	国内生产总值（亿元）			增长率（%）			比重（%）		
	第一产业	第二产业	第三产业	第一产业	第二产业	第三产业	第一产业	第二产业	第三产业
1992	5866.6	11699.5	9357.4	4.7	21.2	12.8	21.8	43.4	34.8
1993	6963.8	16454.4	11915.7	4.7	19.9	12.8	19.7	46.6	33.7
1994	9572.7	22445.4	16179.8	4.0	18.4	11.8	19.8	46.6	33.6

---

①　1979 年 11 月 26 日，邓小平会见美国不列颠百科全书出版公司编委会副主席吉布尼和加拿大麦吉尔大学东亚研究所主任林达光等人。在谈话中，邓小平提出了社会主义也可以搞市场经济的思想（见《邓小平文选》第 1 卷）。

续表

年份	国内生产总值（亿元）			增长率（%）			比重（%）		
	第一产业	第二产业	第三产业	第一产业	第二产业	第三产业	第一产业	第二产业	第三产业
1995	12135.8	28679.5	19978.5	5.0	13.9	9.7	19.9	47.2	32.9
1996	14015.4	33835.0	23326.2	5.1	12.1	8.9	19.7	47.5	32.8
1997	14441.9	37543.0	26988.1	3.5	10.5	8.2	18.3	47.5	34.2
1998	14817.6	39004.2	30580.5	3.5	8.9	6.8	17.6	46.2	36.2
1999	14770.0	41033.6	33873.4	2.8	8.1	6.7	16.5	45.8	37.7
2000	14944.7	45555.9	38714.0	2.4	9.4	7.6	15.1	45.9	39.0
2001	15781.3	49512.3	44361.6	2.8	8.4	7.5	14.4	45.1	40.5
2002	16537.0	53896.8	49898.9	2.9	9.8	8.4	13.7	44.8	41.5
2003	17381.7	62436.3	56004.7	2.5	12.7	9.3	12.8	46.0	41.2
2004	21412.7	73904.3	64561.3	6.3	11.1	9.4	13.4	46.2	40.4
2005	22420.0	87364.6	73432.9	5.2	11.7	9.9	12.2	47.7	40.1

资料来源：1992~2005年数据来自1993~2006年《中国统计年鉴》，数据通过计算得出（按当年价格计算）。

从表4-3中的数据可以看到，发展社会主义市场经济的思路得以确立之后，中国的产业发展又一次迎来了快速增长，1992年中国三次产业的生产总值分别为5866.6亿元、11699.5亿元和9357.4亿元，三次产业总增加值结构之比分别为21.8：43.4：34.8，而至2005年中国三次产业的生产总值分别为22420.0亿元、87364.6亿元和73432.9亿元，相较于1992年分别增加了近2.8倍、6.5倍和6.8倍，国民经济总体水平得到了长足发展。同时期三次产业总增加值结构之比分别为12.2：47.7：40.1，从这一组数据中不难看出，第一产业的比重下降了9.6%，第二产业和第三产业分别上升了4.3%和5.3%，第三产业的增速在不断加快。

可以看出这一阶段三次产业增长的趋势。第一产业增加值所占比重呈现持续下降的趋势，1992年第一产业的增加值占比21.8%，而到了这一阶段的末期2005年，第一产业的增加值比重已下降到了12.2%，下降了近50%。而第三产业从1996年开始保持了一个追赶第二产业的趋势，二者之间的差距在 2002 年这一时点只有 3.3%，此后第二产业与第三产业近乎保持着"势均力敌"的态势，不过总体而言第二产业仍然是我国这一阶段的主导产业。

从三次产业的贡献率上来说，这一阶段中第一产业已稳定在低位水平，而第二产业则在大部分时期仍然是对 GDP 增长贡献最大的产业，不过，第三产业在这一时期已"蓄势待发"，具体情况如图 4 - 3 所示。1992年之后，随着改革开放的不断深入以及经济水平的不断提升，国民对于耐用消费品的需求不断增加，这使得中国的机电工业得到了迅速的发展，中国的产业结构重新偏向了以机械制造为代表的重工业。随着国民生活水平的进一步提升，人们对于钢铁、汽车等高端消费品的需求迅速提高，因此在 2000 年之后，以钢铁、电力、汽车和石化产业为代表的重工业又得到了快速的发展，整个国家产业结构中第二产业一直处于高位。除了对耐用消费品的需求增加之外，国民对于高端服务类的消费品需求也在不断提升，金融、医疗、计算机、旅游、教育、房地产以及娱乐等高端服务类产业和高科技得到了迅速发展，成为第三产业快速发展的主要动力，使得中国产业结构转向了多元化和高端化。

图 4 - 3 1992~2005 年中国三次产业对 GDP 贡献率

资料来源：国家统计局数据库。

（四）新时期可持续发展战略下的产业结构演化（2006 年至今）

2006 年，以金融业对外资全面开放为开端，中国开始履行加入世界贸易组织的各项承诺。2006 年，中国 GDP 增长率以 10.7% 的成绩继续保持了自 2003 年增长 10.2% 以来的强劲势头，中国的外汇储备规模也首次超过了 1 万亿美元，因此可以说 2006 年是中国经济发展史上"继往开来"的一个重要时点。自 2006 年开始，我国的产业结构演进也进入了新的时期，第三产业在这一时期的总量和增速都取得了较快发展，我国的产业结构在这一时期再次得到了调整优化。2006 ~ 2020 年中国三次产业占 GDP 比重及增长率变化如表 4 - 4 所示。

表 4 - 4　　2006 ~ 2020 年中国三次产业占 GDP 比重及增长率变化

年份	国内生产总值（亿元）			增长率（%）			比重（%）		
	第一产业	第二产业	第三产业	第一产业	第二产业	第三产业	第一产业	第二产业	第三产业
2006	24040.0	104361.8	91759.7	4.8	13.5	14.1	10.6	47.6	41.8
2007	27788.0	126633.6	115810.7	3.5	15.1	16.1	10.3	46.9	42.9
2008	32753.2	149956.6	136805.8	5.2	9.8	10.5	10.3	46.9	42.8
2009	34161.8	160171.7	154747.9	4.0	10.3	9.6	9.8	45.9	44.3
2010	39362.6	191629.8	182038.0	4.3	12.7	9.7	9.5	46.4	44.1
2011	46163.1	227038.8	216098.6	4.2	10.7	9.5	9.4	46.4	44.2
2012	50902.3	244643.3	244821.9	4.5	8.4	8.0	9.4	45.3	45.3
2013	55329.1	261956.1	277959.3	3.8	8.0	8.3	9.3	44.0	46.7
2014	58343.5	277571.8	308058.6	4.1	7.4	7.8	9.1	43.1	47.8
2015	60863.7	274278.9	341567.0	3.9	6.0	8.3	9.0	40.5	50.5
2016	63671.7	296236.4	384221.4	3.3	6.1	7.8	8.6	39.8	51.6
2017	62099.5	331580.5	438355.9	4.0	5.9	8.3	7.5	39.9	52.7
2018	64745.2	364835.2	489700.8	3.5	5.8	8.0	7.0	39.7	53.3
2019	70473.6	380670.6	535371.0	3.1	4.9	7.2	7.1	38.6	54.3
2020	77754.1	384255.3	553976.8	3.0	2.6	2.1	7.7	37.8	54.5

注：因计算精度问题，数据存在一定误差。全书同。

资料来源：2006 ~ 2020 年数据来自 2007 ~ 2021 年《中国统计年鉴》，数据经过计算整理后得出。

从表 4-4 中的数据不难发现，从 2006 年至 2020 年，我国的三次产业继续保持着高速的正增长。十余年间，三次产业增加值分别增长了约 2.23 倍、2.68 倍和 5.04 倍，而就产业结构所占比重而言，第一产业所占比重下降 2.9%、第二产业所占比重下降 9.8%，第三产业所占比重上升 12.7%，产业发展保持稳定的水平，产业结构的比例也日益均衡。值得关注的是第二产业和第三产业，第三产业的总体增速在 2006 年、2007 年、2008 年曾一度超过第二产业的增速，但第三产业增速和总量再一次超过第二产业是在 2013 年，第二产业在 2009~2012 年依然保持着高速增长，与 2008 年爆发全球性的次贷危机，中国政府推行四万亿元的财政刺激计划有很大的关系。但随着第三次产业革命的进一步深化，第二产业中部分传统行业的产能过剩问题加剧，第三产业再次迎来了快速增长。

整体趋势上第一产业发展最为平缓，其 GDP 总量远远低于二三产业。2006~2008 年间第二产业发展迅速，之后受到全球经济危机的影响，第二产业发展面临困境。在此背景之下，中国政府开始对经济实行一系列宏观调控计划，不断加大中央政府的投入，2009~2011 年间第二产业迅速恢复了生机，但是过度的政府干预引发了产能过剩问题，第二产业的发展速度不断下降。与之相对应，在信息革命和电子科技不断发展的背景之下，第三产业以其效率上的优势取得了相当快速的发展，特别是在 2008 年金融危机背景之下，全球第二产业处于寒冬，更多的资金转向第三产业，因此在 2008 年之后，我国第三产业的发展速度进一步加快，并于 2012 年在总增加值上超过了第二产业。2006~2020 年中国三次产业对 GDP 的贡献率如图 4-4 所示。

从图 4-4 中不难看出在 2013 年我国的第三产业获得持续发展，对 GDP 的贡献超过了第二产业，并且这种趋势在 2014~2020 年还有进一步加大的趋势，我国产业结构的发展开始步入以第三产业为主导的时期，第三产业发展速度和所占 GDP 比重不断上升。产生这种趋势的原因在于，新时期中国经济以追求更加安全、节约、环保的发展方式为主要目标，之前的资源型、劳动力型、低效型经济向生态型、科技型和高效型经济进行转变，这就使得以高新技术、创新性以及节能环保为主的第三产业得到迅速而全面的发展。第二产业在进一步放慢发展速度的同时，传统产业将通过与信息技术、科技创新的结合得到优化和升级，进一步实现产业高度化和现代化。而做出这一系列调整的目标是构建出一种以第一产业为发展基础，高新技术产业为主的第三产业为先导，制造业和基础产业为主的第二产业为支撑，经济全面、高速、可持续发展的产业新格局。

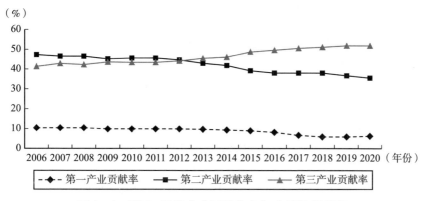

图 4 - 4　2006 ~ 2020 年中国三次产业对 GDP 贡献率

资料来源：国家统计局数据库。

二、美国产业结构演进历程

经历了三次工业革命的洗礼，美国建国至今仅 200 多年经济就得到了飞速的发展，美国的市场经济结构由最初的农业社会转向了工业社会，之后再由工业社会转向信息化社会，现在又开启了人工智能时代，未来伴随着时间的进一步推移，生产力的持续推进还会使美国的产业结构发生新的变化，当前提出的"再工业化"可能会是影响这种产业结构的重要因素之一。

美国产业结构演进的历程迅速而完整，同时也是美国经济发展历史的写照，尤其是现阶段的服务业主导型产业结构被认为是后工业化阶段的最优产业结构。美国的产业结构演进也是众多发展中国家研究的经典案例，其发展进程还会影响其他国家的产业结构进程。通过对美国产业结构演进的历史研究，我们可以从中了解到现代国家工业化甚至是资本主义国家市场经济发展所存在的一般性的规律，而这些规律可以帮助中国在经济转轨阶段更好地处理产业结构方面存在的问题，对于推动中国产业结构转型和升级有着极为深刻的现实意义。纵观美国产业结构的变化历程可以看出，美国产业结构转型升级的主要动力是新技术革命的产生和发展。依据技术革新的类别对美国产业结构现代化进程的影响，参照美国经济的发展历史，可以将美国的产业结构演进划分为四个阶段进行研究，第一阶段是工业化起步阶段（18 世纪末～1860 年），第二阶段是初步实现工业化阶段（1860～1930 年），第三阶段是工业化后期阶段（20 世纪 30 年代～20 世纪 90 年代初），第四阶段是信息经济的再工业化阶段（20 世纪 90 年代至今）。

（一）工业化起步阶段（18 世纪末～1860 年）

美国工业化的起步与第一次工业革命联系密切，18 世纪末期美国的工业化已经初见端倪，不过这一时期并没有显现出比较明显的连续性，美国近代工业化真正的开端大约是在 1812～1815 年。独立战争后期，近代工业化发展的最大障碍随着美国的独立逐渐被清除，美国的民族工业在这一时期取得了飞速的发展，尤其是以棉纺织业为代表的轻工业成为推动美国工业化的先导产业。从纵向来看，在工业化的起步阶段，美国在 1815 年仅有棉纺织厂 170 家，纱锭产量 13.42 万枚，到 1830 年棉纺织厂的数量便达到了 795 家，对应的纱锭产量达到了 124 万枚；而截至 1860 年，棉纺织厂的数量已达 1091 家，纱锭产量增长到了 520 万枚，棉纺织厂的数量只增长了约 5.4 倍，但对应的纱锭产量却增长了约 37.7 倍，较为明显地反映出棉纺织业生产规模和生产效率的不断提升。另以冶金业为例，1810 年美国仅有 153 座小炼铁炉，对应的生铁产量为 5.9 万吨，而到 1830 年生铁产量已增长到 18 万吨。此后炼铁的工艺不断成熟，生产效率亦随之有了大幅提升，1860 年生铁产量已达 98.8 万吨，与 1810 年相比增加了约 15.7 倍。在整体工业生产总值方面，1810 年美国的工业生产总值仅为 19800 万美元，到 1860 年已达 188500 万美元，工业生产年增长率为 4.7%。[①] 此时美国整体工业产值水平达到了世界产值的 15%，在世界范围内仅次于英国。[②]

从表 4-5 中可以看出 1860 年美国制造业发展的基本情况，这一时期美国的制造业以轻工业为主导，排名前五的制造业分别为棉纺织业、木材业、鞋业、面粉业、男士制衣业，钢铁业和机械制造业的占比还相对较低。制造业的快速发展推动着产业结构的调整，1839 年美国工业和农业总产值之比为 26∶74，而到了 1860 年，美国工业和农业总产值之比为 36.2∶63.8。工业的产值比重上升了 10.2%，在这一阶段有了初步的发展。从劳动力分布来看，制造业的增长速度也是较快的（见表 4-6）。

表 4-5 1860 年美国制造业概况

项目	雇员数量（人）	原材料成本（美元）	总产出价值（美元）	制造业增值（美元）	按增值排序
棉纺织业	114955	52666701	107337783	54671082	1
木材业	75595	51358400	104928342	53569942	2
鞋业	123026	42728174	91889298	49161124	3
面粉业	27682	208497309	248580365	40083056	4
男士制衣业	114800	44149752	80830555	36680803	5
钢铁业	48975	37486056	73175332	35689276	6
机械制造业	41223	19444533	52010376	32565843	7
毛纺织业	40597	35652701	60685190	25032489	8
造车业	37102	11898282	35552842	23654560	9
皮革业	22679	44520737	67306452	22785715	10

资料来源：Eighth Census of the United States：Manufactures，1860.

[①] 在同时期的 1810~1850 年，英国的工业生产年增长率为 3%，法国的工业生产年增长率为 1.6%。

[②] 加里·M. 沃尔顿，休·罗考夫. 美国经济史 [M]. 王珏，等译. 北京：中国人民大学出版社，2013：130-135.

表 4 – 6　　　　　　　　1810～1860 年美国劳动力分布情况　　　　单位：千人

年份	总计	农业	渔业	矿业	建筑业	制造业	运输业	商业	服务业
1810	2330	1950	6	11	—	—	60	—	82
1820	3135	2470	14	13	—	—	50	—	130
1830	4200	2965	15	22	—	—	70	—	190
1840	5660	3570	24	32	290	500	112	350	285
1850	8250	4520	30	102	410	1200	155	530	430
1860	11110	5880	31	176	520	1530	225	890	715

资料来源：Adapted from Stanley Lebergott, *Manpower in Economic Growth：The American Record since* 1800, New York：McGraw – Hill, 1964：510.

从表 4 –6 中可以发现，制造业的劳动力分布在 1840～1860 年的 20 年中，增长了 2.06 倍，远高过这一时期农业的劳动力增长速度。此外，这一时期矿业、商业、服务业也取得了较快增长，三次产业和产业结构内部再一次蕴含了转变的动力。不过值得注意的是，这一阶段的美国经济仍然以农业为主导，农业的总产值和劳动力占比都超过了 50%，并且在制造业发展的内部，这一时期仍然以与农业密切相关的手工业为主。1850 年制造业中手工业产品的比重仍然占 70%，1860 年平均每个工厂雇佣 9.3 名工人，在所有 3140 万产业工人中熟练工人只有 131 万人，而剩下的绝大多数都是来自农村或者与农村有着密切联系的非熟练工人，农业或农村经济处于绝对优势的地位。

（二）初步实现工业化阶段（1860～1930 年）

美国内战结束之后，南北方获得了统一，以工业经济为基础的北方政权获得了胜利，加之西进运动使美国西部地区得到了开发和发展，美国成功扩大了国内市场和国外市场，其经济发展和产业结构从这一阶段起发生了较大程度的变化。罗斯托（Rostow，1960）认为，美国经济曾有过两次"起飞"，一次是在 1815～1850 年间，以新英格兰地区的棉纺织业大发展为代表；另一次便是在 1860～1910 年间，即所谓的"北方工业起飞"。在这一时期，钢铁、煤炭、水泥、铁路运输等行业得到了飞速发展。

从表4－7中可以看到美国工业化的程度和产出在不断加深，全部制造业产出在50年的时间中增长了近11倍，而钢铁和钢铁制成品、煤炭、水泥、铁路运输等行业的发展速度更为惊人，美国经济在这一时期取得了迅猛增长。1880年，美国已经成为世界第一工业强国，从19世纪末期开始，工业成为美国的主导产业，美国彻底从农业经济国家转为工业经济国家。

表4－7　　　　　　　　　　　1860～1910年的产出扩张　　　　　　　　单位：倍

食品和同类产品	3.7
纺织业和纺织业制品	6.2
全部制造业产出	10.8
钢铁和钢铁制成品	25.2
煤炭	46.1
水泥	70.7
铁路客运里程数	17.1
铁路货运里程数	98.1

注：选择1910年作为1860年的倍数。

资料来源：张毅等. 中国农村工业化与国家工业化 ［M］. 北京：中国农业出版社，2002.

从表4－8中不难发现美国工业化水平占世界工业份额快速上升的事实，而工业化水平的迅速提高也带来人均国民收入、城市化率、总人口规模的上升，可以说美国依托于工业化经济促进了社会的整体发展，居民生活水平持续提高，城市化进程不断加深，美国的整体社会经济发展水平在第一次世界大战前夕已基本赶超了传统的老牌资本主义国家。

从表4－9中可以看到，消费品制造部门就业人数占制造业就业人数比重在1870～1910年整体呈现出下降的趋势，而与之对应的资本品制造部门就业人数占制造业就业人数比重则呈现出较快的上升趋势，尤其是在钢铁行业，其增幅达到7.61％，就业人数的变迁表明美国的工业结构进一步得到了优化升级。这明显反映了美国工业从轻工业为主体转到以重工业为主体，至此第二产业正式成为美国主导产业。1860～1925 年美国各工业部门产值排序如表 4-10 所示。

表 4-8 　　　　　　　1860～1913 年美国经济指标在全球中的排名

指标	1860 年	1880 年	1900 年	1913 年
占世界工业份额（%）	7.2	14.7	23.6	32.0
在世界排名	5	2	1	1
工业化水平	21	38	69	126
在世界排名	2	2	2	1
相对工业总潜力	—	46.9	127.0	298.1
在世界排名	—	2	1	1
钢铁产量（百万吨）	—	9.3	10.3	31.8
在世界排名	—	1	1	1
能源消耗（百万吨）	—	147	248	541
在世界排名	—	1	1	1
人均国民收入（美元）	—	—	319	354
总人口（万人）	—	6260	7590	9730
城市化率（%）	16.1	22.7	32.0	43.8

注：工业化水平和相对工业总潜力，是以 1900 年英国为 100 计算的；城市人口是指居民在 8000 人以上的城市。

资料来源：张毅等. 中国农村工业化与国家工业化 [M]. 北京：中国农业出版社，2002.

表 4-9 　　　　　　　1870～1910 年美国制造业内部构成变化趋势　　　　　单位：%

分类	具体部门	1870 年	1910 年	增减幅度 （1910～1870 年）
消费品制造部门就业人数占制造业就业人数比重	羊毛和毛纺织品	5.00	2.90	-2.10
	棉花和棉织品	7.29	1.18	-6.11
	皮革和皮革制品	9.56	4.72	-4.84

续表

分类	具体部门	1870 年	1910 年	增减幅度 (1910~1870 年)
资本品制造部门就业人数占制造业就业人数比重	钢铁	7.58	15.19	7.61
	运输设备	5.63	8.88	3.25
	木材和木材制品	8.00	12.00	4.00
	印刷和出版业	1.50	6.00	4.50

资料来源：道格拉斯·诺斯（North, D.）：《美国的工业化》，载于波斯坦，哈巴库克（Postan, M. M., Habakkuk, H. J.）.《剑桥欧洲经济史》（第六卷）[M]. 王春法，等译. 北京：经济科学出版社，2002：649.

表 4-10 1860~1925 年美国各工业部门产值排序 单位：百万美元

顺序	1860 年		1900 年		1925 年	
	部门	产值	部门	产值	部门	产值
1	制粉	248	钢铁	804	汽车	3198
2	棉制品	115	屠宰	790	钢铁	2946
3	制材	104	铸铁和机械	645	煤油	2377
4	制靴	91	制材	567	铸铁和机械	2233
5	铸铁和机械	88	制粉	561	电气机械	1540
6	衣服和家具	88	男子服装	415	汽车车身	1523
7	皮革	75	印刷出版	347	印刷出版	1448
8	羊毛制品	65	棉织品	339	制材	1421
9	酒类	56	木工品	316	车辆	1249
10	蒸汽机	46	羊毛制品	267	制纸	972

资料来源：齐洪等. 世界主要资本主义国家工业化过程简述 [M]. 北京：统计出版社，1955.

（三）工业化后期阶段（20 世纪 30 年代~20 世纪 90 年代初）

随着科技的发展和劳动领域生产力效率的不断提高，工业生产领域中大批劳动力空闲了出来，而这些空闲出来的劳动力进一步向第三产业转移，在此背景下美国经济进入工业化后期阶段，第三产业逐渐成为美国经济发展的主导产业。从劳动力分布的视角可以看出这种变化趋势，如表4-11 所示。

表4-11　　　　　　　　　1900~1985 年美国劳动力产业构成

年份	就业总人数（万人）	第一产业		第二产业		第三产业	
		人数（万人）	占比（%）	人数（万人）	占比（%）	人数（万人）	占比（%）
1900	2903.0	1149.7	39.6	651.5	22.4	1101.8	38.0
1910	3729.1	1231.4	33.1	1072.1	28.7	1425.6	38.2
1920	4217.6	1214.6	28.8	1337.7	31.7	1665.3	39.5
1930	4868.6	1098.1	22.6	1473.6	30.3	2296.9	47.2
1940	5173.2	955.9	18.5	1615.8	31.2	2601.5	50.3

资料来源：世界银行数据库。

从表4-11 中劳动力在三次产业间的分布数据可以看出美国产业结构的变化，即总的就业人口数在不断增加，而第二产业和第三产业的就业人口总数也是逐渐增加的。不过从增速来看，第三产业就业人口总数的增长率明显要比第二产业快很多，实际上20 世纪30 年代初到50 年代末，正值第三次产业革命时期，第二产业由于遭受经济危机而放缓发展速度，第三产业在这一时期快速赶超了第二产业，逐渐成为美国国民经济的主导产业。而1950 年之后，美国经济又迎来了恢复与增长，第二产业与第三产业的发展增速以及产值比重之间的差距也越发明显。

1950~1985 年，是美国工业化的后期，在该阶段第一产业所占劳动力就业人数以及国民收入的比例在不断下降。从表4-12 和表4-13 中可以看出，该阶段第一产业所占劳动力就业人数以及国内生产总值的比例在1950 年分别为12.8% 和7.3%，而在1985 年这两个比例就变为3.0% 和2.3%，有着相当大的下降幅度；第二产业所占劳动力就业人数以及国内生产总值的比例在1950 年分别为33.4% 和37.0%，而在1985 年这两个比例就变为26.9% 和27.5%，也有一定程度的下降，但是下降的幅度没有第一产业那么大；相对应的第三产业所占劳动力就业人数以及国内生产总值的比例在 1950 年分别为 53.9% 和 54.5%，而在 1985 年这两个比例就变为 70.2% 和 69.3%，有着较大幅度的提升，可以说美国只用了 20 多年的时间就完成了主导产业的转换。

表 4-12　　　　　1950~1985 年美国国内生产总值及其三次产业结构构成

项目	1950 年	1960 年	1965 年	1970 年	1975 年	1980 年	1985 年
国内生产总值（亿美元）	2862	5060	6881	9842	15288	27320	40103
第一产业金额（亿美元）	208	215	238	287	534	772	906
所占比例（%）	7.3	4.3	3.5	2.9	3.5	2.8	2.3
第二产业金额（亿美元）	1060	1797	2425	3159	4562	8260	11019
所占比例（%）	37.0	35.5	35.2	32.2	29.8	30.2	27.5
第三产业金额（亿美元）	1560	3032	4162	6353	10013	17812	27780
所占比例（%）	54.5	59.9	60.5	64.7	65.5	65.2	69.3

资料来源：陈宝森. 美国经济与政府政策 [M]. 北京：世界知识出版社，1988.

表 4-13　　　　　1950~1985 年美国劳动力产业构成

年份	总就业人数（万人）	第一产业		第二产业		第三产业	
		人数（万人）	占比（%）	人数（万人）	占比（%）	人数（万人）	占比（%）
1950	5899.9	755.1	12.8	1967.7	33.4	3177.1	53.9
1960	7214.2	591.6	8.2	2488.9	34.5	4133.7	57.3
1970	7867.8	346.3	4.4	2608.0	33.1	4913.5	62.5
1980	9930.3	336.4	3.4	2913.6	29.3	6680.3	67.3
1985	10715.0	317.9	3.0	2880.5	26.9	7516.6	70.2

资料来源：世界银行数据库。

（四）信息经济的再工业化阶段（20 世纪 90 年代至今）

20 世纪 90 年代以来，美国国民经济的发展重心向以服务业为主的第三产业转移，也就是"非工业化"，制造业的发展重心由基础的劳动力密集型向技术密集型转移，并运用尖端技术对现有的制造业设备进行升级改造，就增长率而言，第二产业和第三产业的发展在这一时期呈现出"齐头并进"的发展势头。

从表4－14中可以看出，到20世纪90年代中后期，美国第一产业的比重稳定在1%左右；第二产业的比重约为20%，使得第二产业占GDP比重保持相对稳定；第三产业发展增速最为迅猛，2002年第三产业占GDP比重已达到78.53%，但后续发展出现波动，2008年为77.85%。2008年的全球性金融危机对全球产业结构的发展来说是一个重要的转折点，受到金融危机的影响，2009年美国第一、第二产业比重有着较大幅度的下降，这也使得实体经济的重要性更加凸显出来。美国等发达国家相继提出"再工业化"政策，以重振本国制造业，摆脱经济危机的泥沼。与传统工业化不同的是，发达国家的"再工业化"政策是以信息网络技术为动力，来抢占制造业新的制高点。因此，在2013年之后，美国第三产业所占比重整体保持增加的趋势。

表4－14　　　　1997～2020年美国国内生产总值三次产业结构

年份	国内生产总值当前价格（十亿美元）			三次产业所占比例（%）		
	第一产业	第二产业	第三产业	第一产业	第二产业	第三产业
1997	108.8	1998.0	6501.7	1.26	23.21	75.53
1998	99.9	2060.9	6928.4	1.10	22.67	76.23
1999	92.8	2176.5	7391.3	0.96	22.53	76.51
2000	98.5	2308.3	7878.0	0.96	22.44	76.60
2001	100.0	2275.7	8246.1	0.94	21.42	77.63
2002	95.8	2261.1	8620.6	0.87	20.60	78.53
2003	116.1	2385.4	9009.2	1.01	20.72	78.27
2004	142.7	2577.0	9555.2	1.16	20.99	77.84
2005	128.6	2786.3	10178.8	0.98	21.28	77.74
2006	128.3	3005.8	10721.8	0.93	21.69	77.38
2007	142.0	3118.4	11217.2	0.98	21.54	77.48
2008	154.5	3106.1	11458.0	1.05	21.10	77.85

续表

年份	国内生产总值当前价格（十亿美元）			三次产业所占比例（%）		
	第一产业	第二产业	第三产业	第一产业	第二产业	第三产业
2009	137.7	2845.1	11435.9	0.96	19.73	79.31
2010	160.2	2970.9	11833.3	1.07	19.85	79.08
2011	197.2	3124.5	12196.2	1.27	20.13	78.59
2012	185.8	3241.0	12728.5	1.15	20.06	78.79
2013	225.4	3356.1	13081.7	1.35	20.14	78.51
2014	215.4	3496.3	13636.4	1.24	20.15	78.60
2015	196.0	3477.9	14273.1	1.09	19.38	79.53
2016	159.9	3511.9	14897.2	0.90	18.90	80.20
2017	173.6	37167.8	15609.4	0.89	19.06	80.05
2018	164.2	38151.4	16514.7	0.80	18.60	80.60
2019	166.9	39033.6	17329.7	0.78	18.24	80.98
2020	169.3	37034.8	17027.3	0.81	17.72	81.47

资料来源：美国经济分析局（U. S. Bureau of Economic Analysis）。

三、中美两国产业结构演进历程比较

中美两国的产业结构在演进历程上大体都遵循着配第—克拉克定理，即先是第一产业的比重不断下降；然后第二产业比重迅速上升，并在稳定之后开始逐步下降；最后第三产业在经历上升、稳定、再上升的循环之后，最终成为国民经济的支柱产业。但是具体在不同的阶段，中美两国之间的产业结构演进呈现着不同的特征。美国的产业结构不论是从产值比重还是从劳动力就业人口分布而言，在1860年之前仍然是"一二三"的产业结构，而从1860年到20世纪初期，美国的产业结构逐渐演进成为"二三一"的产业结构，可以说第二产业与第三产业在这一时期都取得了较快的发展，而从20世纪初至第二次世界大战结束，美国的产业结构总体上变成了"三二一"的产业结构形态，即第三产业已经成为美国的主导产业。对比我国的产业发展结构，新中国成立之后我国还是农业国家，第一产业在国民经济中所占的比重与 18 世纪初期美国第一产业所占比重相当，而此后我国在优先发展重工业的思路下，第二产业并没有经历从与农业相关的轻工业逐渐过渡到重工业的转换，而是直接发展重工业，虽然在这种思路指导之下 20 世纪 70 年代左右我国完成了产业结构的转换，第二产业逐渐成为国民经济的主导产业，但同时期我国的第三产业却仍然没有取得较快发展。改革开放之后，随着我国制造业的进一步深化发展，第二产业结构内部重新出现了调整，第三产业从 20 世纪 90 年代末期开始快速发展，但第三产业成为我国国民经济的主导产业却是在 2010 年之后，因此从三次产业结构的比例来看，我国在产业结构的发展上与第二次世界大战后的美国相一致，产业结构还有很大的调整空间。

总之，美国产业结构早在第二次世界大战之后，就慢慢呈现出了"三二一"的特征。1968 年美国经济学家福克斯（V. Fuchs）在《服务经济学》一书中就指出，美国是第一批进入"服务经济"社会的发达国家，可以说美国的产业结构转型升级处于世界的前沿。而中国的经济体制在改革开放之后才由计划经济转向市场经济，在此之前，中国产业结构的发展相对滞后，自 2015 年以来，中国处于工业化经济向服务化经济的发展转型时期，服务业发展水平较为滞后。除此之外，美国的产业结构转型和升级主要依靠的是市场经济的自我调节机制，政府在整个过程之中仅仅起到完善的作用，为产业结构的转型和升级提供一个良好的发展环境；当市场经济的自我调节机制受到制约时，美国政府也会对一些主导产业进行扶持和重点管理，比如对农业实行补贴政策、进行大型工程建设、加强政企之间的合作等。中国在改革开放之后虽然确立了以市场经济为主的发展方向，但是由于历史的原因，政府仍然对产业结构的调整产生着重要的影响。通过横向对比，我们可以发现，在同一发展阶段，中国的产业发展具有后发优势，主要产业的增长率均超过 10%，但是三大产业之间的协调性较弱，产业发展过多依赖于最终需求，因此加强三大产业之间的协调发展是今后产业结构转型和升级的方向之一；另外，还应该重视科技在产业结构协调发展中的作用，充分发挥科技对于产业发展的推动作用。

第二节 中美两国产业结构演进特征
及技术进步作用比较

中美两国产业结构演进的特征，明显表现在新兴产业的产生、对传统产业的改造和对落后产业的淘汰上。推动产业技术进步和产业结构调整应遵循相应的技术原则和技术标准。技术进步对产业结构合理化和高级化的促进作用体现在三个方面：一是技术进步对产业结构变化有着深刻的影响；二是技术进步极大地推动着第三产业和高新产业的发展；三是技术进步必然会引起产业组织结构创新。

一、中美两国第一产业内部结构演进特征及技术进步作用比较

上文主要分析了中美两国在三次产业结构上的对比，接下来将更加侧重于分析各产业之间内部结构演进路径的动态对比，以找出中美两国产业内部结构演进路径中的技术进步之间所存在的差异，并进行相应的评价。

（一）中国第一产业内部结构变动及评价

新中国成立之初，农业在我国国民经济中占据着非常重要的地位，农业占国民经济的比重最高时近60%，由此可见，我国是明显的农业经济国家。此后第二产业在国家规划和政策的推动之下有了较大程度的发展，第二产业在1970年左右超越了第一产业成为国民经济的第一大产业，工业经济的快速发展逐渐超过了农业经济。改革开放之后，我国第一产业的内部也发生着重要的结构变化，第一产业内部结构的总体变动趋势是农业所占比重不断下降，林业所占比重相对较为稳定，牧业和渔业的比重在稳步提升，表4-15反映了1978~2020年间，第一产业内部农业、林业、牧业和渔业的产值结构变动情况。

表 4-15　　　　1978～2020 年中国第一产业内部的变化趋势

年份	农林牧渔产值（亿元）	实际产值（亿元）				比重结构（%）			
		农业	林业	畜牧业	渔业	农业	林业	畜牧业	渔业
1978	1397.0	1117.5	48.1	209.3	22.1	80.0	3.4	15.0	1.6
1980	1922.6	1454.1	81.4	354.2	32.9	75.6	4.2	18.4	1.7
1985	3619.5	2506.4	188.7	798.3	126.1	69.2	5.2	22.1	3.5
1989	6534.7	4100.6	284.9	1800.4	348.8	62.8	4.4	27.6	5.3
1993	10995.5	6605.1	494.0	3014.4	882.0	60.1	4.5	27.4	8.0
1997	23788.4	13852.5	817.0	6835.4	2282.7	58.2	3.6	28.7	9.6
2001	26179.6	14462.8	938.8	7963.1	2815.0	55.2	3.6	30.4	10.8
2005	39450.9	19613.4	1425.5	13310.8	4016.1	49.7	3.6	33.7	10.2
2009	60361.0	30777.5	2193.0	19468.4	5626.4	51.0	3.6	32.3	9.3
2015	98333.2	54635.8	4436.4	28780.4	10480.6	53.8	4.1	27.8	10.2
2017	109331.7	58059.8	4980.6	29361.2	11577.1	55.6	4.5	4.5	29.3
2018	113579.5	61452.6	5432.6	28697.4	12131.5	53.1	4.6	4.6	26.9
2019	123967.9	66066.5	5775.7	33064.3	12572.4	54.1	4.8	4.8	25.3
2020	137782.2	71748.2	5961.6	40266.7	12775.9	53.3	4.7	4.7	26.7

注：由于此表只是用来大体了解 1978～2020 年中国第一产业内部的变化趋势，所以只列举了有代表性年份的数据，后表同。

资料来源：历年《中国统计年鉴》。

　　从表 4-15 中不难发现我国第一产业内部变化的情况，改革开放之初，农业实际产值占第一产业的比重达到了 80%，处于最为重要的地位，但这种趋势在改革开放之后发生了较大程度变化，农业实际产值的占比开始迅速下滑，而畜牧业的实际产值占比在快速上升，然后又逐渐下降，渔业的实际产值占比也趋于上升，不过随着时间的推移基本呈现出了相对平稳的趋势。2020 年农业所占的比重持续维持在了超过 50% 的水平，而渔业的比重持续维持在超过 25% 的水平，剩下的畜牧业、林业维持在 5% 左右的水平，从当前来看，农业仍然是我国第一产业中处于最重要地位的经济部门。

（二）美国第一产业内部结构变动及评价

美国对第一产业的分类与我国对第一产业的分类大体类似，第一产业主要是由农业、林业、渔业、狩猎业组成，在统计时具体可细分为农业（farms）和林业、渔业及其他行业（forestry, fishing and related activities）。美国的第一产业主要以农业为主，林业、渔业及其他行业占比较小。

表4-16清晰地反映了农业和林业、渔业及其他行业的比重趋势关系，在观察的初期，农业生产占据了第一产业中重要的位置，但随着第一产业的发展，农业的占比在逐渐降低，而林业、渔业及其他行业的占比在逐渐上升。若将农业细分为种植业和畜牧业进行研究，会发现美国的种植业与畜牧业的增加值比例大致相当，二者呈现出一个平衡发展的态势。

表4-16　　　　1947～2020年美国农业和林业、渔业及
其他行业增加值规模变动　　　　单位：百万美元

年份	农业	林业、渔业及其他行业	第一产业合计
1947	19059	870	19929
1952	20788	1335	22123
1957	16919	1481	18400
1962	18409	1939	20348
1967	20120	2735	22855
1972	29649	4707	34356
1977	43533	7721	51254
1982	60412	11289	71701
1987	62043	17312	79355
1992	79858	18811	98669
1997	88136	20660	108796
2002	74033	21767	95800
2007	113533	28466	141999
2012	151489	34311	185800

年份	农业	林业、渔业及其他行业	第一产业合计
2015	136717	38519	175236
2016	119563	40356	159919
2017	130899	42764	173663
2018	119427	44786	164213
2019	120070	46875	166945
2020	243034	49543	169332

资料来源：世界银行数据库。

（三）中美两国第一产业内部结构的演进特征及评价比较

中国第一产业与美国第一产业的分类标准大体相同，我国将第一产业划分为农、林、牧、渔产业，而美国将第一产业划分为农业、林业、渔业和狩猎业等其他相关行业。当前以农业为主的第一产业在中国和美国的国内生产总值中所占比重已相对较小，这是中美产业结构向着高级阶段演进的大势所趋，尤其是美国的第一产业增加值占GDP的比重已达到了1%以下，美国已逐渐步入高度发达的现代化国家的行列。

回顾第一产业演进的总体趋势，在新中国成立之初，无论是中国还是美国，农业经济都是两国国民经济的基础。独立之初的美国，尤其是南方各联邦，经济的发展主要依赖的就是以棉花为代表的农业经济；而中华文明的发展更是长期依赖于农业经济的发展，在新中国成立之初，农业对我国的经济发展和社会稳定依然有着举足轻重的影响。因此，农业是两国走向现代化的起点和基础。中美两国在农业领域取得的成就都比较高，粮食作物、经济作物及其他作物的总产量以及人均产量都得到了较大的增长，说明中美两国第一产业技术进步比较明显，都将先进农业科技成果应用到了农业领域。

而若细分第一产业内部结构的演进，中美两国之间则表现出较大的差异。中国的农业主要是以种植业为主，种植业相对于畜牧业、渔业而言，所占的比重要高很多；而美国的农业当中种植业和畜牧业的比重大体相当，部分年份中畜牧业的产值水平甚至要高过种植业，不过在较长的历史时期中，美国的种植业要略有优势。这是两国第一产业结构上存在的重大差异，即中国以种植业为主，而美国种植业和畜牧业的发展呈现出齐头并进的趋势。不过随着时间的推移，我国的畜牧业也展现出较快的发展势头，与种植业之间的差距在不断缩小，这也是未来我国农业发展的趋势和方向。

中美两国第一产业内部结构之间最大的差异应该是生产率的差异。中国和美国无疑都是世界重要的粮食生产大国，但若从人均产量和农产品的单位产量来看的话，2021 年中国粮食总产量达到 6.83 亿吨，位居世界第一；美国是 5.71 亿吨，位居世界第二。但是中国的粮食人均产值是 484 公斤，在世界十大粮食生产国中排名第八；美国的粮食人均产值是 1748 公斤，在世界十大粮食生产国中排名第二。因此，中国的第一产业与美国的第一产业还存在着一定的差距，美国农业较高的生产效率和较低的生产成本是值得我们学习的地方，具体而言包括农业生产的科学技术、采用的工具或方法、生产组织形式，以及农产品的销售、农产品价格的调控、相关衍生金融产品的开发等。当前我国农业的生产效率还处于相对较低的阶段，虽然在粮食总产量方面超过了美国，但在人均粮食产量和单位生产成本方面还与美国存在着较大差距，可以说我们国家是农业生产大国，但要向现代化农业生产强国转变，还有很长的路要走。

二、中美两国第二产业内部结构演进特征及技术进步作用比较

中美两国第二产业内部结构演进的历程不相同，在国民经济中的占比也不尽相同。就中国当前的情况来看，第二产业生产经过长时间的扩张之后趋于稳定，但产业结构内部不够合理，结构升级较慢。而美国方面的突出问题则是第二产业大量转移到海外生产，随着贸易保护主义的抬头，制造业回归的呼声高涨，但由于较高的人力成本等制约因素，使得制造业的回归困难重重。

（一）中国第二产业内部结构变动及评价

新中国成立之后，由于我国经济发展采用的是苏联的计划经济体制模式，在产业的分类方法上采用了农业、轻工业、重工业（以下简称"农轻重"）的产业分类法，这种产业分类方法直到 2013 年才取消，因此对于第二产业内部结构的变动首先以轻工业和重工业作为区分进行研究。1952 ~ 2020 年我国轻重工业之间的比重关系如图 4 - 5 所示。

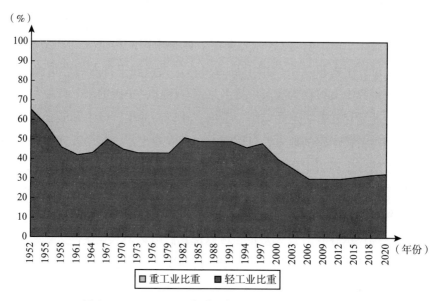

图 4 - 5　1952 ~ 2020 年我国轻重工业之间的比重关系

资料来源：历年《中国统计年鉴》。

从图 4 - 5 中可以看到，中国轻工业与重工业的比重关系大致经历了三个阶段，即从 1952 ~ 1960 年左右，中国重工业占工业的比重快速上升，1960 年重工业的比重甚至超过了轻工业比重的近一倍，这与新中国成立初期集中力量优先发展重工业的国家战略规划相一致。此后虽然轻工业的比重有所回升，但在 1978 年之前重工业仍占据主导地位，工业体系内部重工业化过程明显。而从 1978 年改革开放之后到 1997 年这段时间，我国的轻工业有了较快的发展。一方面是来自改革开放之后国民对于轻工业产品的需求迅速提升，另一方面来自国家对工业战略的调整，即当时为了矫正过分注重重工业发展的思路，进一步解决工业结构内部失衡的问题，中国政府采取了鼓励发展轻工业的方针，轻重工业内部比例日益均衡。这一平衡的趋势一直维持到了 1997 年左右。从 1998 年开始，工业结构中的重工业又有了新的发展，同年重工业增加值所占工业比重便达到了 60%，重工业又重新回到了工业中的主导地位，并且这种优势越来越明显，近几年轻工业的比重已降至 30% 左右，我国工业化的发展开始步入了中后期。

若从当前三次产业的分类方法来研究第二产业，从第一层大类上来说，第二产业主要由工业和建筑业构成，其中工业在国民经济中的增加值比重要远高于建筑业在第二产业中的比重，工业在我国的第二产业中无疑处于主导地位。

从表 4 - 17 中可以看出工业与建筑业增加值的大体比重关系，工业增加值占国民经济的比重由最高时 1978 年的 44.1% 下降到了 2020 年的 30.8%，而建筑业在四十多年间则保持着总体稳步上升的趋势，建筑业增加值的比重从 1978 年最低时的 3.8% 上升到 2020 年的 7.2%。以上数据表明工业在国民经济中的地位有所下降，而建筑业在国民经济中的地位则有所上升，这与我国三次产业之间的演进，第三产业逐渐超过第二产业的发展有着很大的关系。不过尽管工业的增加值比重在降低，工业增加值规模却有了较快的上涨，这种趋势自进入 21 世纪以来表现得尤为明显，2003 年我国的工业增加值还仅为 55363.8 亿元，而到了 2020 年已增长到 313071.5 亿元，几乎为 2003 年的 6 倍，也是同时期建筑业增加值的 4 倍之多。因此总体来看，工业仍然是我国第二产业中最为重要的部门。

若按细分工业进行研究，工业可划分为采矿业，制造业，电力、燃气及水的生产和供应业。而制造业涉及细分行业相对较多，具体可分为纺织业，通用和专用设备制造，交通、电气、通信电子类设备制造，农副食品加工和食品制造业等。由于细分行业较多且各行业增加值比重相对较高，制造业在工业中处于最为重要的部门，因此也有了"制造业是国民经济的基石"一说，这一点我们可以根据第二产业就业情况进行分析,如表 4 – 18 所示。

表 4 – 17　　　　　　1978 ~ 2020 年中国第二产业分行业增加值构成

年份	工业增加值 (亿元)	分行业增加值构成—— 工业增加值(%)	建筑业增加值 (亿元)	分行业增加值构成—— 建筑业增加值(%)
1978	1621.5	44.1	138.9	3.8
1983	2399.1	39.8	271.7	4.5
1988	5814.1	38.3	811.8	5.3
1993	14248.8	39.9	2269.9	6.4
1998	34134.9	40.1	4993.0	5.9
2003	55363.8	40.3	7510.8	5.5
2008	131727.6	41.2	18807.6	5.9
2013	222337.6	37.4	40896.8	6.9
2018	301089.3	32.8	61808.5	6.9
2020	313071.5	30.8	72996.3	7.2

注:分行业增加值构成——国内生产总值(%)为100%。
资料来源:历年《中国统计年鉴》。

表 4 – 18　　　　　　2003 ~ 2020 年我国第二产业就业情况

年份	采矿业城镇单位 就业人员 (万人)	制造业城镇单位 就业人员 (万人)	电力、燃气及水的 生产和供应业城镇 单位就业人员 (万人)	建筑业城镇单位 就业人员 (万人)
2003	488.3	2980.5	297.6	833.7
2004	500.7	3050.8	300.6	841.0
2005	509.2	3210.9	299.9	926.6
2006	529.7	3351.6	302.5	988.7
2007	535.0	3465.4	303.4	1050.8
2008	540.4	3434.3	306.5	1072.6
2009	553.7	3491.9	307.7	1177.5

续表

年份	采矿业城镇单位就业人员（万人）	制造业城镇单位就业人员（万人）	电力、燃气及水的生产和供应业城镇单位就业人员（万人）	建筑业城镇单位就业人员（万人）
2010	562.0	3637.2	310.5	1267.5
2011	611.6	4088.3	334.7	1724.8
2012	631.0	4262.2	344.6	2010.3
2013	636.5	5257.9	404.5	2921.9
2014	596.5	5243.1	403.7	2921.2
2015	545.8	5068.7	396.0	2796.0
2016	490.9	4865.4	387.6	2724.7
2017	455.4	4635.5	377.0	2643.2
2018	414.4	4178.3	369.2	2710.9
2019	367.7	3832.0	373.1	2270.5
2020	352.1	3805.5	379.7	2153.3

资料来源：历年《中国统计年鉴》。

从表4-18中可以直观地看出第二产业总体的就业情况，从纵向上来看，2003年至2020年，我国采矿业，制造业，电力、燃气及水的生产和供应业，建筑业的就业总人口呈现出了先升后降的趋势，其中制造业的就业人数总量于2013年达到了5257.9万人，相比于观察初期的2003年增加了近0.8倍。从横向上来看，制造业的就业人数要远高于其他三个同类行业。值得注意的是，从2013年开始，包括制造业在内的整个工业的就业总人数都出现了下降，这是自2003年以来就业人口首次出现负增长，不过这与我国产业结构演进的趋势相一致，第三产业占国民经济的比重也是在2013年超过了第二产业。若从制造业内部的结构变化来看，制造业的内部结构也处于持续的优化当中（见表4-19）。若按照消费属性对制造业进行细分，制造业可划分为工业品制造和消费品制造两大类，工业品制造类主要包括基建机械、石油加工、化学原料、金属冶炼、金属制品、通用设备及专用设备制造等细分行业,而消费品制造类主要包括食品饮料、医药制造、日用化妆品、汽车制造、家电制造、计算机及通信产品等细分行业。

表 4-19　　　　　1985~2020 年中国制造业内部结构变化　　　单位:%

行业	1985 年	1990 年	1995 年	2000 年	2005 年	2010 年	2015 年	2020 年
农副食品加工业	11.3	11.6	10.4	4.4	1.5	4.3	4.3	4.1
纺织业	16.3	12.3	12.4	6.0	2.1	4.6	4.6	4.4
纺织服装、鞋、帽制造业	2.4	2.2	2.6	2.7	1.4	1.9	1.9	1.7
石油加工、炼焦及核燃料加工业	2.5	2.7	3.7	5.2	2.1	4.4	4.4	4.3
化学原料及化学制品制造业	6.6	8.0	6.2	6.7	6.3	6.6	6.6	6.7
非金属矿物制品业	4.5	4.8	5.8	4.3	4.5	3.8	3.8	3.7
黑色金属冶炼及压延工业	5.2	6.9	8.1	5.5	7.8	8.3	8.3	8.4
有色金属冶炼及压延工业	2.2	2.7	2.3	2.5	4.5	4.5	4.5	4.7
金属制品业	2.8	2.8	3.3	3.0	2.9	2.8	2.8	2.9
通用设备制造业	11.0	9.0	4.7	3.6	4.6	4.5	4.5	4.7
专用设备制造业	2.8	2.4	3.5	2.6	2.6	2.6	2.6	2.8
交通运输设备制造业	4.3	3.8	6.2	6.3	6.5	6.7	6.7	6.9
电气机械及器材制造业	4.4	4.3	4.5	5.6	5.4	5.9	5.9	6.1
通信设备、计算机及其电子设备制造业	3.5	3.1	3.9	8.8	10.2	9.7	9.7	10.1

资料来源:历年《中国统计年鉴》。

从表 4-19 中不难发现制造业内部变动的大体趋势。从整体来看,我国制造业内部处于持续优化状态,在观察的初期 1985 年我国工业内部的前五大行业分别为纺织业、农副食品加工业、通用设备制造业、化学原料及化学制品制造业、黑色金属冶炼及压延工业,而到 2020 年末我国工业结构中的前五大行业就变为了通信设备、计算机及其电子设备制造业,黑色金属冶炼及压延工业,交通运输设备制造业,化学原料及化学制品制造业，电气机械及器材制造业。据国家统计局的统计数据显示，2020年我国工业部门中同比增速最快的六个行业是医药制造业，通信设备、专用设备制造业、汽车制造业，计算机及其他电子设备制造业。即在我国的工业结构之中，制造业所占比重从1985年以来都处于主导地位，并且制造业整体内部结构持续优化，突出表现在制造业结构由低端制造向中高端制造转型，由低效率的劳动密集型向高效率的技术密集型转移，并且这种增速趋势在近些年来越来越快。这充分表明了我国工业领域生产能力、技术水平在不断地提升，从而促进了我国产业结构的演进。

（二）美国第二产业内部结构变动及评价

美国第二产业的构成与中国第二产业的构成相类似，其第二产业细分为采矿业（mining）、公用事业（utilities）、建筑业（construction）以及制造业（manufacturing），制造业同样是美国第二产业的基础，其增加值占比要远高于采矿业、建筑业、公用事业（见表4-20）。

表4-20　　　　　1947~2020年美国第二产业内部增加值变化

年份	采矿业		建筑业		公用事业		制造业	
	增加值（亿美元）	比重（%）	增加值（亿美元）	比重（%）	增加值（亿美元）	比重（%）	增加值（亿美元）	比重（%）
1947	57.8	7.07	89.2	10.92	34.7	4.24	635.4	77.77
1952	82.9	6.33	164.3	12.55	61.5	4.70	1000.6	76.42
1957	109.5	6.47	212.9	12.58	93.0	5.49	1277.6	75.46
1962	103.6	5.13	259.3	12.82	134.5	6.65	1524.8	75.40
1967	120.5	4.22	382.2	13.38	175.6	6.15	2178.3	76.26
1972	159.5	4.11	601.4	15.49	270.2	6.96	2852.2	73.45
1977	441.1	6.88	930.8	14.51	475.8	7.42	4566.7	71.19
1982	1192.7	12.23	1311.8	13.45	832.7	8.54	6417.8	65.79
1987	733.3	5.68	2111.3	16.35	1262.8	9.78	8806.5	68.19
1992	736.0	4.73	2353.4	15.12	1605.3	10.31	10873.2	69.84

续表

年份	采矿业		建筑业		公用事业		制造业	
	增加值 （亿美元）	比重 （%）	增加值 （亿美元）	比重 （%）	增加值 （亿美元）	比重 （%）	增加值 （亿美元）	比重 （%）
1997	951.4	4.76	3407.0	17.05	1721.4	8.62	13900.9	69.57
2002	1134.1	5.02	4948.6	21.89	1801.4	7.97	14727.5	65.13
2007	3140.2	10.07	7149.9	22.93	2350.7	7.54	18543.3	59.46
2012	4109.4	12.68	5836.5	18.01	2628.5	8.11	19830.6	61.12
2016	3278.0	9.33	7321.2	20.83	2843.3	8.09	21702.8	61.75
2020	3266.0	9.08	8425.4	21.12	3034.2	8.11	24002.4	63.23

资料来源：美国经济分析局。

　　不难发现，采矿业、建筑业、公用事业、制造业从 1947 年至 2020 年总体趋势上都呈现出持续上涨的态势。不过最近几年采矿业的增加值有了较大幅度的波动，并且呈现出快速下跌的趋势；而制造业和建筑业在 2008 年经济危机时受到了一定的影响之后，近些年来又有了较快的增长，尤其是制造业这两年的增长幅度较为明显；公用事业的总体趋势则较为平缓。在美国第二产业的结构当中，尤其值得关注的是制造业。从纵向来看，美国制造业 1947 年的总量为 635.4 亿美元，而到了 2020 年末，制造业增加值已经达到了 24002.4 亿美元，较 1947 年增长了约 37 倍。从横向来看，美国制造业从 1947~2020 年间在总量上处于绝对领先地位，1947 年美国制造业的增加值比重占整个第二产业的近 80%，此后随着建筑业的不断发展，制造业的比重在逐渐降低，截至 2020 年，仍然占 60% 以上的比重，制造业对于美国第二产业的发展仍有十分重要的意义。

　　若对美国的制造业进行细分研究，按其划分标准，可分为耐用品行业和非耐用品行业两大生产部门。耐用品主要是指那些具有 3 年以上正常使用寿命的产品，耐用品下的细分行业包括木材制品（wood products），非金属矿产（nonmetallic mineral products），原料金属（primary metals），金属制品业（fabricated metal products），机械制造（machinery），计算机及电子产品（computer and electronic products），电气设备、电器和组件（electrical equipment，appliances，and components），机动车、车身和拖车及其零件（motor vehicles，bodies and trailers，and parts），其他运输装备（other transportation equipment），家具及相关产品（furniture and related products），杂项制造（miscellaneous manufacturing）。

美国耐用品行业中有几个比较特别的行业，例如，计算机及电子产品、原料金属、机械制造。最为突出的当属计算机及电子产品行业，1947年该行业占耐用品行业的整体比重还不到10%，此后其在耐用品行业中的比重开始稳步增长，到20世纪70年代后期，随着计算机及电子产品行业的快速发展，这种增长得到了持续扩大，当前计算机及电子产品行业已成为耐用品行业中占比最高的行业，其占比达到了24%左右。原料金属行业的占比则完全呈现出相反的趋势，1947年原料金属行业的增加值接近耐用品行业的15%，而当前其占耐用品行业的增加值却已处于较低水平。此外，美国的机械制造业也经历了较为明显的变化，其在20世纪70年代初期发展较为迅猛，但此后随着计算机及电子产品行业的发展，机械制造业的增加值占比逐渐萎缩，不过其增加值仍然在耐用品行业中处于重要地位。1947年耐用品行业增加值排名前三的分别是原料金属、机械制造、金属制品行业，到了1980年则变为了机械制造、金属制品、计算机及电子产品，而2020年已转变为计算机及电子产品，机动车、车身和拖车及其零件，机械制造。耐用品行业内部增加值结构的变化反映出了美国第二产业内部结构向着技术密集型不断优化，也充分表明了美国工业领域具有较高的生产能力以及较先进的技术水平，从而将会促进美国产业结构的演进。

非耐用消费品是指使用时间相对较短，消费者必须经常更新的产品，非耐用消费品下的细分行业包括食品、饮料和烟草产品（food and beverage and tobacco products），纺织业和纺织品的生产（textile mills and textile product mills），服装、皮革和相关产品（apparel and leather and allied products），纸制品（paper products），印刷及其服务业（printing and rélated support activities），石油及煤产品（petroleum and coal products），化工产品（chemical products），塑料和橡胶制品（plastics and rubber products）。

值得注意的行业主要是食品、饮料和烟草产品，石油及煤产品和化工产品行业。食品、饮料和烟草产品在非耐用品行业中一直占有较高的比重，从1947年至今大体维持在30%左右；化工产品是增长最为迅猛的非耐用品行业，1947年该行业的占比仅为10%，当前占比已达到近35%；同样趋势的还有石油及煤产品，观察期的初始值仅为5%左右，当前已达15%。若将非耐用品行业的增加值进行排名，1947年排名前三的行业分别为食品、饮料和烟草产品，纺织业和纺织品的生产，服装、皮革和相关产品；1980年时变为了食品、饮料和烟草产品，化工产品，纸制品；2020年行业排名变为了化工产品，食品、饮料和烟草产品，石油及煤产品行业。这表明了美国非耐用品行业技术水平在不断提高，非耐用品行业结构也在不断优化。

（三）中美两国第二产业内部结构的演进特征及评价比较

中美两国第二产业的发展对国民经济的贡献率早已低于第三产业。2020年，中国第二产业增加值占GDP的比重为37.8%，低于第三产业增加值比重16.7个百分点。美国第二产业的增加值占GDP的比重为17.72%，低于第三产业增加值比重63.75个百分点。可以看出当前中国经济中第二产业与第三产业间的差距相较于美国第二产业与第三产业间的差距较小，以知识经济或服务经济为主导的社会经济体系在美国已经形成，而按照产业结构发展演进的规律，中国的产业结构发展也有此趋势。不过如果说第一产业是中美两国的立国之本，农业的发展在国民经济发展的初期处于基础性地位的话，第二产业应该是中美两国经济发展的基石，工业的发展在国民经济发展的中后期应该处于基础性的地位。尽管随着国民经济的不断发展，第二产业的比重在持续降低，但第二产业的发展直接关乎着一国经济发展的可持续性和长治久安，因此近些年来美国经济发展掀起了"再工业化"的浪潮，强调制造业的回归。

从第二产业的内部结构来看，中国与美国在第二产业上的构成相似，即制造业在第二产业中居于主导地位，当前美国的制造业增加值占第二产业增加值的比重为63.23%，占GDP的比重仍高达11.2%；而我国制造业的增加值占第二产业增加值的比重高达 69.2% ，占 GDP 的比重在 26.2% 左右。中美两国的制造业在第二产业以及整个国民经济当中都处于十分重要的地位，中国制造业表现得尤为突出。从制造业的内部来看，中美两国在制造业内部分类上略有差异，美国的耐用品部门和非耐用品部门大体呈现出齐头并进的发展势头，二者的增加值相当。中国的制造业从增加值占比上来看，工业品制造的增加值比重要比消费品所占的增加值比重高。若从整个制造业的增加值比重来看，当前美国制造业增加值比重靠前的部门主要是化工产品，计算机及电子产品，食品、饮料和烟草产品，机动车、车身和拖车及其零件，石油及煤产品；中国当前制造业增加值比重排名靠前的部门分别为黑色金属冶炼及压延加工业，通信设备、计算机及其电子设备制造业，交通运输设备制造业，化学原料及化学制品制造业，电气机械及器材制造业。从制造业的结构来看，中美两国有一定的相似性，若中国将食品、饮料和烟草产品的增加值占比进行汇总，其将成为制造业中增加值比重最高的部门，先将食品、饮料和烟草产品行业除去，这样比较下来中美制造业内部结构的相似度更高。总之，从第二产业的整体演进趋势和第二产业内部的演进趋势来看，中国与美国之间有很强的相似性，即第二产业的发展朝着技术密集型或知识密集型转变，制造业由低端制造向高端制造转变，制造业整体在向着高附加值的行业发展。

尽管制造业的发展趋势相同，但中国制造业与美国制造业相比仍然存在着一定的差距和差异，中国制造业在创新能力、品牌影响力、产品质量、生产效率等方面还有很大的成长空间。

三、中美两国第三产业内部结构演进特征及技术进步作用比较

中美两国第三产业发展趋势总体一致，而且占本国 GDP 的比重都已超过其他两个产业，但两国的第三产业内部结构演进却有着较大的差异，美国的金融保险业和地产租赁业高度发达，而中国主要是零售业较为突出。

（一）中国第三产业内部结构变动及评价

当前第三产业在中美两国国民经济的发展中都已经处于举足轻重的地位，2020 年，中国第三产业占国民经济的比重达到了 54.5%，而美国的这一数值更是达到了 81.47%。如果说中国的第三产业已经成为国民经济的主导产业，美国的第三产业则已成为其支柱产业。中美两国第三产业之间不论是在规模还是细分方面都存在着较大的差距。中国的第三产业主要是以服务业为主，表 4 - 21 将分行业对其进行分析。

表 4 - 21　　　　1978~2020 年中国第三产业分行业增加值变动　　　单位：亿元

年份	批发和零售业增加值	交通运输、仓储和邮政业增加值	住宿和餐饮业增加值	金融业增加值	房地产业增加值	其他行业增加值
1978	242.3	182.8	44.6	76.5	79.9	265.5
1983	198.7	275.5	72.5	168.9	121.8	535.7
1988	1483.4	685.9	241.4	658.6	473.8	1146.1
1993	2816.6	2174.3	712.1	1902.6	1379.6	3206.0
1998	6913.2	4661.5	1786.9	4314.3	3434.5	10140.9
2003	11169.5	7914.6	3126.1	6034.7	6172.7	22749.2
2008	26182.3	16367.6	6616.1	18313.4	14738.7	53063.2
2016	66186.7	30487.8	12153.7	57872.6	41701.7	134605.5
2020	96321.4	42504.4	18103.2	78342.3	71054.4	186745.5

资料来源：历年《中国统计年鉴》。

从表 4 - 21 中可以看出，从横向来看，当前我国第三产业中占比最高的是其他行业，其次是批发和零售业，接下来是金融业、房地产业。从表 4 - 21 中可以直观地看出第三产业内部细分行业的发展趋势，经过计算也可以得出第三产业内部细分行业增加值在国民经济中的占比情况。其中，住宿和餐饮业在国民经济中比重一直都相对较低且平稳，2020 年统计的分行业增加值构成其占比 1.8%，并且近些年来还有缓慢下降的趋势；交通运输、仓储和邮政业的比重也相对较低，占比为 4.4%，亦处于基本平稳但有下行的趋势。不过占比最大和增长最快的要数包括教育、娱乐、文化、公共管理、技术服务等在内的第三产业中的其他行业，2020 年其占比已达 20% 左右，远高于批发和零售业、金融业、房地产业在国民经济中所占的比重。

就业人数的分布也可以体现出我国第三产业内部结构的变化，对城镇单位分行业就业人数进行研究，结果如表 4 - 22 所示。

表 4 - 22　　　　　　2003~2020 年城镇单位就业人数分布趋势　　　　单位：万人

指标	2003 年	2006 年	2010 年	2013 年	2016 年	2020 年
交通运输、仓储及邮电通信业城镇单位就业人员	636.5	612.7	631.1	846.2	854.4	812.2
信息传输、计算机服务和软件业城镇单位就业人员	116.8	138.2	185.8	327.3	349.9	487.1
批发和零售业城镇单位就业人员	628.1	515.7	535.1	890.8	883.3	786.9
住宿和餐饮业城镇单位就业人员	172.1	183.9	209.2	304.4	276.1	256.6
金融业城镇单位就业人员	353.3	367.4	470.1	537.9	606.8	859.0
房地产业城镇单位就业人员	120.2	153.9	211.6	373.7	417.3	525.4
租赁和商务服务业城镇单位就业人员	183.5	236.7	310.1	421.9	474.0	643.6
科学研究、技术服务和地质勘查业城镇单位就业人员	221.9	235.5	292.3	387.8	410.6	431.2
水利、环境和公共设施管理业城镇单位就业人员	172.5	187.0	218.9	259.2	273.3	245.6
居民服务和其他服务业城镇单位就业人员	52.8	56.6	60.2	72.3	75.2	82.8
教育业城镇单位就业人员	1442.8	1504.4	1581.8	1687.2	1736.5	1958.9
卫生、社会保障和社会福利业城镇单位就业人员	485.8	525.4	632.5	770.0	841.6	1051.9
文化、体育和娱乐业城镇单位就业人员	127.8	122.4	131.4	147.0	149.1	149.5
公共管理和社会组织城镇单位就业人员	1171.0	1265.6	1428.5	1567.0	1637.8	1972.2

资料来源：历年《中国统计年鉴》。

从表4-22中可以看出，在总量规模方面，2020年第三产业内部教育业以及公共管理和社会组织的就业人员较多，二者之和占到了第三产业城镇单位就业人口数量的40%左右；之后是卫生、社会保障和社会福利业，交通运输、仓储及邮电通信业，批发和零售业，金融业。若按照增长规模来看，以2003年的就业人数为分母，2020年的就业人数为分子，就业人数增长较多的行业分别是房地产业（约增长了3.37倍），信息传输、计算机服务和软件业（约增长了3.17倍），租赁和商务服务业（约增长了2.51倍），金融业（约增长了1.43倍），科学研究、技术服务和地质勘查业（约增长了0.94倍）。

总的来看，当前我国第三产业内部结构持续优化，增加值占比最大的是包括科教文卫娱在内的其他行业，批发和零售业在我国第三产业当中也一直保持着相对较高的比重，而金融业和房地产业在第三产业中的比重近年来已经有了逐渐赶超批发和零售业的趋势。从增加值增速和就业人数变化的角度来看，预计未来金融业，房地产业，科学研究、技术服务和地质勘查业的增加值规模还将会有较大幅度的提升。这表明第三产业领域技术进步也比较明显，第三产业内部结构开始从传统的批发和零售行业为主导，向着资本密集型、技术密集型或知识密集型的新兴行业转变。

（二）美国第三产业内部结构变动及评价

美国对第三产业的划分相对较细，但主要也是以服务业为主，表4-23将从增加值变动的视角来分析美国第三产业的发展情况。

表4-23　　　　　1947~2020年美国第三产业内部结构增加值变动　　　单位：亿美元

年份	零售贸易	批发贸易	运输仓储	信息	金融、保险、房地产、租赁	专业商业服务	教育、医疗、社会救助	艺术、娱乐、食宿	其他服务	公共管理
1947	231.9	155.9	141.7	77.2	256.4	81.9	46.0	80.5	74.7	337.0
1952	298.9	214.8	197.6	113.7	411.8	129.4	70.9	102.2	95.7	511.7

续表

年份	零售贸易	批发贸易	运输仓储	信息	金融、保险、房地产、租赁	专业商业服务	教育、医疗、社会救助	艺术、娱乐、食宿	其他服务	公共管理
1957	365.5	285.3	228.6	159.0	607.4	189.9	110.8	128.0	131.6	665.6
1962	457.4	383.3	249.8	217.7	844.8	264.1	167.4	164.3	173.1	903.7
1967	649.1	539.4	331.2	323.7	1188.0	407.6	276.8	235.4	232.2	1348.8
1972	985.7	817.8	488.3	499.4	1855.3	631.2	505.6	353.7	318.5	2142.1
1977	1596.8	1347.2	771.6	840.6	3067.5	1153.0	925.1	601.9	481.0	3148.0
1982	2281.6	2078.7	1064.7	1501.2	5475.7	2157.6	1693.1	1011.3	790.5	4923.7
1987	3465.3	2865.6	1533.3	2232.4	8512.8	3893.9	2795.0	1536.3	1214.6	6945.6
1992	4265.6	3807.6	1949.6	3000.6	11927.0	5766.1	4498.1	2193.7	1662.5	9767.6
1997	5883.8	5301.6	2560.5	3957.2	16231.0	8455.0	5811.9	3016.4	2307.9	11491.2
2002	7382.9	6172.1	3052.5	5494.6	22463.8	11954.8	7913.7	4132.0	2859.4	14779.9
2007	8776.1	8608.4	4096.0	7023.9	28771.1	16572.2	10645.9	5321.1	3305.3	19052.5
2012	9257.8	9332.4	4656.2	7498.9	31813.0	18052.4	12881.5	6138.5	3699.4	21053.5
2017	10567.8	10932.4	5425.3	8399.2	36563.7	22073.0	15011.5	7099.7	4016.5	23379.8
2020	13186.2	13241.3	6023.1	8894.3	41342.5	25032.3	18013.2	7745.4	4354.8	25023.2

资料来源：美国经济分析局。

从表4-23中可以直观地发现，美国第三产业中2020年增加值规模占比最高的为金融、保险、房地产、租赁，其次是专业商业服务，之后是公共管理，教育、医疗、社会救助。而1947年增加值规模排名靠前的行业分别为公共管理，金融、保险、房地产、租赁，零售贸易、批发贸易、运输仓储，到了1982年变为金融、保险、房地产租赁，公共管理，零售贸易，批发贸易，专业商业服务。从增加值的变化来看，第三产业中占比最大和发展最为迅猛的是金融、保险、房地产、租赁行业；从增长速度来看，专业商业服务和教育、医疗、社会救助的发展速度也较快，而公共管理、批发贸易、零售贸易一直都是美国第三产业中产值占比较大的行业。

美国的金融、保险、房地产、租赁行业可分为两大部门，一个是金融部门，另一个是房地产部门，长期来看，不动产和租赁比金融和保险所占比重要高，具体如图4-6所示。

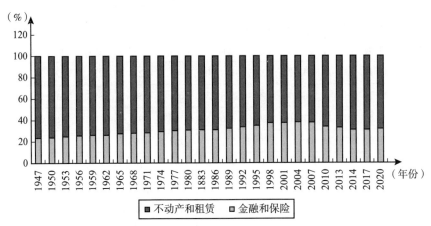

图4-6 1947~2020年美国金融业与房地产业增加值构成关系

资料来源：美国经济分析局。

图4-6直观地反映了这一行业内部的变化情况，二者在较长的时期内几乎保持在一定的比例，不过在观察期的初始不动产和租赁的增加值占比要远高于金融和保险，其增加值规模大致占到了80%，而此后随着美国金融市场的不断深化发展、金融工具的不断创新，金融和保险业有了较快的发展，特别是从20世纪60年代中后期开始，金融和保险的增加值规模占比呈现出持续缓慢上升的趋势，这一趋势一直持续到了21世纪初期，也就是千禧年的繁荣时期，后来美国互联网泡沫破灭，金融和保险业受到重挫，至2020年，其占比维持在30%左右。若再细分第三产业，将其分为银行业、证券业、保险业、住房市场、其他不动产、租赁，则会发现住房市场是该部门中增加值占比最高的部门，银行、证券、保险所占比重较为稳定，银行业是金融行业中最大的部门，其次是保险业，然后是证券业，以基金信托为代表的其他金融行业在美国的金融行业中所占比重还相对较小。

从表4-24中不难看出，2020年美国住房市场的增加值占到了该行业的 47.9%，而在观察期的初始阶段，增加值增长最快的是其他金融行业、其他不动产、住房市场。值得注意的是，美国金融市场的两次泡沫时期，其他行业的增长都出现了一定程度的回调，但美国的住房市场仍然保持着平稳的增长态势。

表 4 - 24　　　　1997 ~ 2020 年美国金融业与房地产细分行业增加值构成

年份	银行		证券		保险		其他金融行业		住房市场		其他不动产		租赁	
	增加值（亿美元）	占比（%）	增加值（亿美元）	占比（%）	增加值（亿美元）	占比（%）	增加值（亿美元）	占比（%）	增加值（亿美元）	占比（%）	增加值（亿美元）	占比（%）	增加值（亿美元）	占比（%）
1997	2341	14.4	1203	7.4	2167	13.4	75	0.5	7785	48.0	1592	9.8	1068	6.6
2002	4016	17.9	1634	7.3	2517	11.2	185	0.8	10460	46.6	2171	9.7	1480	6.6
2007	4205	14.6	2006	7.0	3926	13.6	268	0.9	13564	47.1	3144	10.9	1657	5.8
2012	4841	15.0	2190	6.8	4026	12.5	370	1.1	15512	48.0	3573	11.1	1778	5.5
2017	5103	14.1	2368	6.6	4896	13.4	647	1.8	17834	47.7	4263	11.6	2134	5.7
2020	5608	14.6	2512	6.7	5102	13.6	845	1.8	19124	47.9	4543	11.7	2322	5.6

资料来源：美国经济分析局。

（三）中美两国第三产业内部结构的演进特征及评价比较

2020 年美国第三产业的增加值已达 17.03 万亿美元，占国民经济的比重为 81.47%，而中国 2020 年第三产业的增加值为 55.39 万亿，占国民经济的比重仅为 54.5%。从内部结构来看，当前中国增加值比重最高的是包含教育、娱乐、文化、公共管理、技术服务等在内的第三产业的其他行业，其次是批发和零售业、金融业、房地产业。而美国第三产业中增加值占比较高的是金融、保险、房地产、租赁。这表明中美两国第三产业领域技术进步都比较明显，第三产业内部结构都在朝着资本密集型、技术密集型或知识密集型行业转变。

值得注意的是，如果从行业细分上来研究，当前占美国国民经济比重最高的是美国的金融和房地产行业，其总值达到 4.13 万亿美元，占第三产业总值规模的 25% 以上，占国民经济的比重为 20% 以上。中国第三产业中金融业和房地产业的增加值为12.93万亿元，占到了第三产业增加值规模的30%，但占国民经济的比重仅为15%。不过尽管当前我国金融业和房地产业的增加值占比还相对较低，但近些年来这两个行业的增速较为明显，预计随着产业结构的进一步演进，金融业和房地产业在第三产业中的比重还将继续上升。

总之，中美两国第三产业发展趋势总体一致，但两国的第三产业内部结构演进却有较大差异。第三产业的发展需要第一产业和第二产业作为支撑，虽然根据配第一克拉克定律，随着人均收入水平的不断提高，一国产业结构的高级形态会向着"三二一"转变，但"三二一"之间到底维持在一个什么样的区间比例才是合理的，对一国社会经济才是最为有利的，这个问题对于每个国家而言都有所差异，尤其是中国目前还处于工业化的中期，人口基数大，第一产业和第二产业都还有较大的发展空间。因此，我们更需要注重三次产业之间的协同发展，在此基础之上合理引导第三产业向着健康合理的方向发展。

第三节　中美两国产业结构演进的趋势

中美两国产业结构演进的趋势总体上是一致的，都是朝着"三二一"的方向调整优化发展。第一产业的发展趋于稳定，占GDP的比重最少；第二产业占GDP的比重也在逐渐减少；第三产业是两国大力发展的产业，其产值占GDP的比重将逐渐居于主导地位，未来第三产业将以知识密集型服务业为主导。

一、中国产业结构演进的趋势

中国产业结构不尽合理的状况，特别是突出的产能过剩问题，并不是到今天才出现的，几乎在每个不同时期，尤其是在经济发展的转轨阶段，都有着其不同的产业结构调整任务。但是，中国当前在产业结构的调整和升级上面临着一定难度。从国内的角度来看,中国当前产业结构所存在的矛盾与问题,以及解决这些矛盾问题的关键都是相当明确的,即是否能用最少的能源消费来实现经济高速且持续的发展,这在很大程度上取决于产业结构的精益化。但是解决产业结构调整升级与经济增速之间的矛盾是相当困难的,经济速度的增长有利于提升收入,提高政府部门的政绩,但是经济发展速度不断增长的同时,落后企业的产能不仅不会淘汰,反而还会得到进一步的发展。因此,将两者正确地结合起来,正确处理好产业结构调整与经济增长速度之间的关系是重中之重。当前,产业结构调整的难点就在于此。

在学术界有着这样普遍的认识:产业结构的发展与城镇化建设存在着密切的关系。具体可以表述为:产业结构的调整和升级具体可以表现为城镇化的推动,产业结构的调整和升级需要依靠城镇化的发展,而城镇化的发展是产业结构调整和升级的重要内容。当今中国进入了城镇化和工业化发展的加速阶段,城镇化和工业化的发展会加快对资源的消耗,而推行产业结构的调整升级势必会限制碳排放,而这又会进一步限制城镇化的发展进程。从国际的角度来看,现阶段美联储所推行的量化宽松政策将会对中国等新兴市场造成一定的冲击。由于美国经济近几年呈现持续复苏的态势,就业市场也得到了相当明显的改善,房地产市场亦步入正常轨道。2015 年,美联储持续推行货币正常化的进程,加息导致了中国等新兴国家的金融市场出现剧烈的动荡,这也直接影响到新兴国家的经济增长。而金融危机的爆发也迫使美国等发达国家不断提高其储蓄率,召回部分本土产能、加强贸易保护、大力发展新能源等新兴产业将成为新常态。在这样的背景之下,中国得到高附加值的国际产业分工将变得更加困难,外需对于中国的产业调整特别是产业升级的拉动作用明显降低。无论是经济结构还是产业结构,不同的结构之间都是相互联系、互相制约的,中国现在最根本的结构就是以按劳分配为主体的分配结构,而最为主要的矛盾就是城乡二元结构的矛盾。想要实现产业结构的调整和优化升级,就必须调整好消费结构和分配结构,如果消费结构不变,从根本上讲也改变不了产业结构,要抓住问题的核心和根本,从体制机制上加以调整和解决。

二、美国产业结构演进的趋势

就目前而言，美国正在不断地依靠其在资源、科技以及市场机制上所占据的有利条件积极推进经济结构的调整和升级，国际经济的不断复苏也为美国实行经济结构的调整和升级提供了相对较好的外部环境。美国经济的不断调整和升级对于美国本身以及全球经济的持续增长都将产生积极的影响。提倡创新的激励措施可以促进国内企业加大科技研发活动的力度、加大对基础设施以及教育领域的投资力度，将有助于经济的长期增长。对清洁能源等新兴产业的支持，可以给经济社会带来长期的正效益，这些新兴产业未来可能是美国新的经济增长发起点，更有可能是全球经济可持续发展的推动力。同时，应进一步加强金融监管方面的改革，以助于金融体系的稳定并防范未来可能发生的金融危机。

经济结构的调整和升级并不是一蹴而就的，这是一个艰难且漫长的过程，将受到很多条件的影响。首先，美国巨额的财政赤字将会给产业结构的调整和升级带来巨大的挑战。进行产业结构的调整和升级需要巨额财政资金的支持，仅是进行医保体制改革的资金就多达9400亿美金，而且金融危机也给政府留下了巨大的包袱，在金融危机的影响之下，2009年美国财政赤字增加到了1.4万亿美元，占GDP的比例达到了10%。而在这之后的年均赤字也达到了1万亿美元的水平，累计的国债占美国国内生产总值的比例上升至90%。在如此捉襟见肘的财政困境之下，美国政府即使有着再好的调整构想以及改革的方案，也将因为缺乏足够的财政支持而难以为继。其次，美国产业结构调整和升级的空间有限。美国的劳动力成本较高，因此对于传统制造业的重组和升级将因为高成本而缺乏足够的竞争优势，这也是美国"再工业化"政策成效表现一般的原因，而且清洁能源等新兴科学技术形成产业化还需一定的时日。

未来几年，中国、印度等亚洲新兴经济体将迎来快速发展的契机。在欧洲各国、日本等传统发达国家经济陷入泥潭的情况下，中国等新兴经济体将是美国扩大出口的重要市场。美国对产业结构的调整和升级离不开与中国的合作和协调。中美两国日益频繁的经济对话，也表明中美两国都逐渐认识到双方的密切合作对于实现经济的全面可持续发展有着重要的作用，而中美双方也应各自建立起更加均衡的经济发展模式，这是全面建立 21 世纪新型中美关系的必然需要，也是美国进行产业结构转型和调整所应迈出的最为关键的一步。

第四节　本 章 小 结

中美两国的产业结构在演进历程上大体都遵循着配第—克拉克定理，但是具体在不同的阶段，中美两国之间产业结构的演进也呈现着不同的特征。美国产业结构早在第二次世界大战之后，就慢慢呈现出"三二一"的特征，美国是第一批进入"服务经济"社会的发达国家；中国产业结构的发展相对滞后，现阶段正处于工业化经济向服务化经济的发展转型时期，服务业发展水平较为滞后。除此之外，美国的产业结构转型和升级主要依靠的是市场经济的自我调节机制，政府在整个过程中仅仅充当着促进完善的作用，为产业结构的转型和升级提供一个良好的发展环境；而改革开放之后中国虽然确立了以市场经济为主的发展方向，但是由于历史的原因，政府仍然对产业结构的调整产生着重要的影响。

从第一产业内部结构演进来看，中美两国在农业领域取得的成就都比较高，粮食作物、经济作物及其他作物的总产量以及人均产量都得到了较大的增长，这反映了中美两国第一产业技术进步比较明显，都将先进农业科技成果应用到了农业领域。中美两国第一产业内部结构之间最大的差异应该是生产率的差异。中国和美国都是世界重要的粮食生产大国，但若从人均产量和农产品的单位产量来看，中国与美国还有很大的差距。美国农业较高的生产效率和较低的生产成本是值得中国学习的，具体而言包括农业生产的科学技术、采用的工具或方法、生产组织形式，以及农产品的销售、农产品价格的调控、相关衍生金融产品的开发等方面。

从第二产业内部结构演进来看，中国与美国之间有很强的相似性，即第二产业的发展均朝着技术密集型或知识密集型转变，制造业由低端制造向高端制造转变，制造业整体向着高附加值的行业发展。中国制造业在创新能力、品牌影响力、产品质量、生产效率等诸多方面还有很大的成长空间。

从第三产业内部结构演进来看，第三产业内部结构正朝着资本密集型、技术密集型或知识密集型行业转变。中美两国第三产业发展趋势总体一致，但内部结构演进却有较大差异。美国的金融保险业和房地产租赁业高度发达，而中国主要是包含教育、娱乐、文化、公共管理、技术服务等在内的其他行业及批发和零售业较为突出。

第五章　国际贸易对中美两国产业结构演进的影响分析

　　中美两国都是开放型经济国家，消费、投资、进出口是推动经济增长的"三驾马车"，其中出口是国际贸易的重要组成部分，因此国际贸易对两国经济发展的重要性不言而喻。从上文中国和美国产业结构演进的历史趋势分析中，不难发现国际贸易在中美两国产业结构演进和经济增长中所起到的重要作用，可以说国际贸易是一个实现产业结构和经济增长良性循环发展的途径，也可以说国际贸易本身也在推动着经济和产业结构向前发展。当前中美经济的发展都面临着一个大的环境约束，即经济的全球化。经济的全球化应该是一个自由的市场机制，一方面，中美的经济发展建立于有效的市场运行制度框架之下，能够自发地进行双边贸易，进行优势互补，加强合作与交流，通过进出口贸易促进技术进步，以进一步影响本国国内的相关产业；另一方面，中美之间依托于国际市场这个大舞台，将难以避免地产生贸易摩擦，而这种贸易保护也会影响到本国国内产业结构的发展。从长远的角度来看，经济全球化是未来很长时间内的大趋势，两国经济的发展应该顺应这一趋势，中国应在趋势中主动寻求有利地位，随着经济全球化的深入不断促进本国技术进步，以进一步推进产业结构的调整、优化与升级。

第一节 国际贸易对中国产业
结构演进的影响分析

一、中国对外贸易总体情况

改革开放之前,我国的进出口贸易额相对较小,1950 年全国的进出口贸易额仅为 11.3 亿美元,在此后的近 30 年间,我国的进出口贸易总额持续上升,到 1978 年时我国的进出口贸易总额已突破了 200 亿美元,不过这一时期我国的进口总额与出口总额之间的差距不是太大,贸易顺差最高为 6.6 亿美元,贸易逆差最高也仅为 6.7 亿美元,1978 年之前我国的对外贸易总体发展十分缓慢。改革开放至今 40 多年来,中国的对外贸易取得了空前的发展,我国在世界市场中的地位和影响力获得了持续提升。国外有观点认为中国的进出口贸易直接影响着国际大宗商品的价格,这类观点虽然有一些以偏概全,但不可否认的是,当前中国经济总量巨大,已成为世界第二大经济体,对外贸易总量自改革开放以来取得了较快发展。1982 ~ 2020 年中国对外贸易构成如表 5 – 1 所示。

表 5 – 1　　　　　1982 ~ 2020 年中国对外贸易构成　　　　单位:亿美元

年份	出口总额	进口总额	进出口总额	贸易差额
1982	248	212	460	36
1983	247	232	479	15
1984	289	300	589	– 11
1985	303	446	749	– 143
1986	345	449	794	– 104

续表

年份	出口总额	进口总额	进出口总额	贸易差额
1987	436	455	891	−19
1988	522	586	1108	−64
1989	570	627	1197	−57
1990	678	574	1252	103
1991	788	677	1465	111
1992	940	898	1838	43
1993	1027	1156	2183	−128
1994	1374	1314	2688	60
1995	1672	1567	3239	105
1996	1716	1612	3328	104
1997	2073	1701	3774	372
1998	2076	1667	3743	409
1999	2211	1967	4178	244
2000	2793	2610	5403	183
2001	2990	2826	5816	164
2002	3650	3413	7063	237
2003	4846	4677	9523	170
2004	6554	6328	12882	226
2005	8359	7432	15791	927
2006	10604	8918	19522	1686
2007	13421	10854	24275	2566
2008	15772	12906	28678	2866
2009	13302	11640	24942	1662
2010	17480	15884	33364	1596
2011	20805	19805	40610	1000
2012	22392	20985	43377	1406
2013	24196	22791	46987	1405

续表

年份	出口总额	进口总额	进出口总额	贸易差额
2014	25645	23413	49058	2232
2015	25617	21044	46661	4573
2016	23072	20400	43472	2671
2017	24914	23114	48028	1801
2018	27535	26608	54143	928
2019	27831	25798	53629	2033
2020	28706	24471	53177	4235

资料来源：根据历年海关进出口数据统计。

对外贸易可简单地分为货物的对外贸易和服务的对外贸易两大类，从中国的对外贸易结构来看，当前货物贸易占据着绝对优势的地位，而服务贸易所占的比重还相对较低。在货物贸易方面，2020年中国的货物贸易进出口总额已达到了46559.1亿美元，其中出口额为25899.5亿美元，进口额为20659.6亿美元，贸易顺差持续扩大到了5239.9亿美元。而在服务贸易方面2020年中国的服务进出口总额为6617亿美元，其中服务出口额为2806亿美元，服务进口额为3810亿美元，贸易逆差为1004亿美元。

从图5-1中可以直观地看出中国对外贸易中货物贸易与服务贸易的结构，二者的比重关系相对较为稳定，货物贸易长期占据着中国对外贸易总量的近90%，而服务贸易仅占10%。从图5-1中可以看到，服务贸易的比重从1994年开始有所上升，1996年左右有了较大幅度的提升，但1996年以后又有所下降。而2015年以后中国的服务贸易增长趋势明显，2020年服务贸易占对外贸易的比重约为15%左右。将对外贸易分为货物贸易和服务贸易两方面，可以通过对比对外贸易的发展变化，进而分析国际贸易对中美产业结构演进中技术进步的影响。

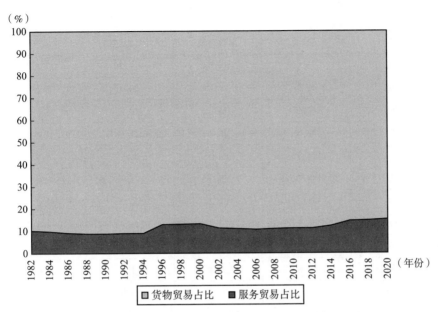

图 5 - 1　1982～2020 年中国货物贸易与服务贸易的比重关系

资料来源：历年《中国统计年鉴》，数据经过整理而得。

二、货物贸易结构

货物贸易在中国的对外贸易中占据着较高的份额和比重，而且从 1950 年至今，中国的货物贸易在大多时期都处于顺差地位，尤其是 1992 年以来，中国的贸易顺差呈现出持续上升的态势，如表 5 - 2 所示。

表 5 - 2　　　　　　　1950～2020 年中国货物贸易情况　　　　　单位：亿美元

年份	进出口总额	出口总额	进口总额	贸易差额
1950	11.3	5.5	5.8	- 0.3
1953	23.7	10.2	13.5	- 3.3
1956	32.1	16.5	15.6	0.9
1959	43.8	22.6	21.2	1.4

续表

年份	进出口总额	出口总额	进口总额	贸易差额
1962	26.6	14.9	11.7	3.2
1965	42.5	22.3	20.2	2.1
1968	40.5	21.0	19.5	1.5
1971	48.4	26.4	22.0	4.4
1974	145.7	69.5	76.2	-6.7
1977	148.0	75.9	72.1	3.8
1980	381.4	181.2	200.2	-19.0
1983	436.2	222.3	213.9	8.4
1986	738.5	309.4	429.1	-119.7
1989	1116.8	525.4	591.4	-66.0
1992	1655.3	849.4	805.9	43.5
1995	2808.6	1487.8	1320.8	167.0
1998	3239.5	1837.1	1402.4	434.7
2001	5096.5	2661.0	2435.5	225.5
2004	11545.5	5933.2	5612.3	320.9
2007	21761.8	12200.6	9561.2	2639.4
2010	29740.0	15777.5	13962.5	1815.0
2013	41589.9	22090.0	19499.9	2590.1
2015	39564.7	22748.5	16816.2	5932.3
2016	36855.5	20976.3	15879.2	5097.1
2017	41071.4	22633.5	18437.9	4195.6
2018	46224.1	24866.6	21357.3	3509.5
2019	45778.9	24994.8	20784.1	4210.7
2020	46559.1	25899.5	20659.6	5239.9

资料来源：1978年之前的数据来源于外贸业务统计数，1978年之后的数据来源于海关进出口统计数。

从表5-2中可以明显看出中国货物的对外贸易发展在2013年达到了峰值，随后对外贸易的增速开始放缓，尤其是货物的进口总额下滑较为严重，2017 年货物进出口贸易又开始反弹。若从对外贸易的细分结构来看，按照联合国国际贸易的分类标准（SITC），对外贸易的商品结构被划分为初级产品和工业制成品两类，其包含产品对比如表 5 - 3 所示。

表 5 - 3　　　　　　　　初级产品与工业制成品包含产品对比

初级产品	工业制成品
食品及主要供食用的活动物	化学品及有关产品
饮料及烟类	轻纺产品、橡胶制品、矿冶产品及其制品
非食用原料	机械及运输设备
矿物燃料、润滑油及有关原料	杂项制品
动、植物油脂及蜡	未分类的其他商品

资料来源：根据相关资料整理。

（一）货物贸易出口结构

改革开放之前，在中国的对外贸易结构中，按照 SITC 的分类标准，我国主要出口的是初级产品，从需要投入要素的数量来看，主要是劳动密集型产品，这一阶段我国对外贸易的总规模和依存度也相对较低，中国对外贸易的发展还处于初期，发展水平滞后。1970 年，初级产品出口占到了总出口份额的 53.5%，工业制成品出口占 46.5%，但初级产品出口所占比重逐渐开始有了下降的趋势，工业制成品占出口产品的比重在不断上升，如图 5 - 2 所示。

从图 5 - 2 来看，在 1980 年到 1986 年之间，中国的初级产品出口占比与工业制成品的出口占比相差不大，并且波动幅度也比较小，1986 年以后，初级产品出口占全部出口总额的比重一路下滑，2020 年初级产品占货物贸易出口总额的比重下降到了 4.5% 左右，而工业制成品占货物贸易出口总额的比重则高达 95% 左右，工业制成品已经成为中国的主要出口产品，中国的商品出口结构已经得到大幅度优化。这说明随着中国货物贸易的不断发展，技术含量较高的工业制成品出口所占比重不断提升，这也从一个侧面反映出中国科技水平以及工业生产能力、生产工艺的不断提升也会促进中国产业结构的演进。

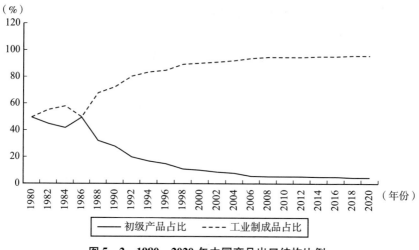

图5-2 1980~2020年中国商品出口结构比例

资料来源：中华人民共和国海关总署。

（二）货物贸易进口结构

改革开放以来，随着经济的发展，我国货物贸易进口结构也发生了较大的变化，若以初级产品和工业制成品的划分标准来看，我国进口工业制成品的比重一直要高于进口初级产品的比重，图5-3中的变动趋势值得关注。

从图5-3中不难发现，在1980~1982年间，中国的初级产品进口占比与工业制成品的进口占比相差不大，且波动幅度也较小。但这种趋势到1982年开始出现了较大的转变，二者的差距越来越大。1986~2004年，差值基本维持在60%~70%左右。2004年开始，差值逐渐减小，这意味着中国进口工业制成品的需求在减小，而进口初级产品的需求在提升，2012年起二者的差值大致维持在30%左右。中国商品进口的这种二元结构反映了中国经济发展驱动力发生了一定转变，工业制成品的需求减少，初级产品的需求增加，表明了中国这些年工业行业生产能力、技术水平的提高以及长期以来实施的进口替代战略的成功。由此，也会使中国经济结构逐渐优化，中国产业结构的演进进程加速。

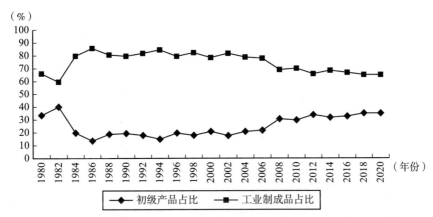

图 5 - 3　1980～2020 年中国商品进口总额中初级产品与工业制成品比例结构

资料来源：中华人民共和国海关总署。

三、服务贸易结构

　　尽管当前服务贸易占中国对外贸易总额的比重还相对较低，但服务贸易也是中国对外贸易中的重要组成部分。相比于货物贸易，当前中国服务贸易的体量还相对较小，且中国的服务贸易与货物贸易正好呈现出相反的发展方向。如表 5 - 4 所示，1995 年以来我国的服务贸易一直处于逆差状态，且这种逆差仍处于持续扩大当中。

表 5 - 4　　　　　　　　　　1982～2020 年中国服务贸易情况　　　　　　　　　单位：亿美元

年份	进出口总额	出口总额	进口总额	贸易差额
1982	44	25	19	6
1983	43	25	18	7
1984	54	28	26	2
1985	52	29	23	6
1986	56	36	20	16

年份	进出口总额	出口总额	进口总额	贸易差额
1987	65	42	23	19
1988	80	47	33	14
1989	81	45	36	9
1990	98	57	41	16
1991	108	69	39	30
1992	183	91	92	−1
1993	226	110	116	−6
1994	322	164	158	6
1995	430	184	246	−62
1996	430	206	224	−18
1997	522	245	277	−32
1998	504	239	265	−26
1999	572	262	310	−48
2000	660	301	359	−58
2001	719	329	390	−61
2002	855	394	461	−67
2003	1013	464	549	−85
2004	1337	621	716	−95
2005	1571	739	832	−93
2006	1917	914	1003	−89
2007	2509	1216	1293	−77
2008	3045	1465	1580	−115
2009	2867	1286	1581	−295
2010	3624	1702	1922	−219
2011	4191	1821	2370	−549
2012	4706	1905	2801	−897
2013	5397	2106	3291	−1185
2014	6043	2222	3821	−1599

年份	进出口总额	出口总额	进口总额	贸易差额
2015	7130	2882	4248	-1366
2016	6616	2095	4521	-2426
2017	6956	2281	4675	-2395
2018	7918	2668	5250	-2582
2019	7850	2836	5014	-2178
2020	6616	2806	3810	-1005

资料来源：历年《中国统计年鉴》。

从表 5-4 中可以看出中国服务贸易发展的大体情况。中国的服务贸易进出口总额从 1982 年的 44 亿美元上升到了 2020 年的 6616 亿美元，增长的速度非常快，其中增长最快的时段大致是从 2002 年开始的，2003 年服务贸易的进出口总额在突破 1000 亿美元后便迎来了快速增长。不过值得注意的是，相对于货物贸易，中国的服务贸易自 1995 年开始便出现了逆差，而且逆差的规模整体呈持续扩大趋势，部分年份略有波动。

（一）服务贸易出口结构

先分析 1997～2020 年中国服务贸易的出口构成情况，如表 5-5 所示。

从表 5-5 中可以较为直观地看出，中国服务贸易出口中占比最大的两个门类分别是运输以及计算机和信息服务两大类。占比相对较高的是其他商业服务、建筑服务、计算机和信息服务、咨询的出口。值得注意的是 2020 年咨询服务的占比已接近 20%，运输占比接近 17%。从变化趋势来看，咨询的出口是最为亮眼的，在观察的初期其所占比重还相对较低，2020 年已有了较快增长。总之，计算机和信息服务、运输、建筑服务、旅游等对技术有一定的要求，其出口有利于进一步提升这些行业的技术水平，进一步促进中国产业结构的演进。

表5-5　　　　　　　1997～2020年中国服务贸易的出口构成　　　　单位：亿美元

年份	运输	旅游	通信服务	建筑服务	保险服务	金融服务	计算机和信息服务	专有权利使用费和特许费	咨询	广告宣传	电影音像	其他商业服务
1997	29.5	120.7	2.7	5.9	1.7	0.3	0.8	0.5	3.5	2.4	0.1	76.8
2000	36.7	162.3	13.5	6.0	1.1	0.8	3.6	0.8	3.6	2.2	0.1	70.8
2005	154.3	293.0	4.9	25.9	5.5	1.5	18.4	1.6	53.2	10.8	1.3	168.8
2010	342.0	458.0	12.0	145.0	17.0	13.0	93.0	8.0	228.0	29.0	1.0	356.0
2015	390.4	712.5	17.6	163.3	48.6	50.4	270.4	6.5	458.7	52.8	2.2	310.4
2020	566.0	165.2	21.4	194.6	54.9	55.7	403.7	7.5	504.4	58.7	3.2	354.2

注：研究时间段从1997年开始是因为1997年的数据来源于1998年的《中国统计年鉴》，1998年以后的《中国统计年鉴》部分数据易得，且服务贸易的各细分行业也较为一致。表5-6同。

资料来源：历年《中国统计年鉴》。

（二）服务贸易进口结构

相对于服务贸易的出口，我国服务贸易的进口规模相对较大。与服务贸易的出口相类似，我国服务贸易的进口占比较高的门类同样是旅游和运输，其他门类的进口还相对较小，具体情况如表5-6所示。

表5-6　　　　　　　1997～2020年中国服务贸易的进口构成　　　　单位：亿美元

年份	运输	旅游	通信服务	建筑服务	保险服务	金融服务	计算机和信息服务	专有权利使用费和特许费	咨询	广告宣传	电影音像	其他商业服务
1997	99.4	81.3	2.9	12.1	10.5	3.2	2.3	5.4	4.7	2.4	0.4	52.5
2000	104.0	131.1	2.4	9.9	24.7	1.0	2.7	12.8	6.4	2.0	0.4	61.2
2005	284.5	217.6	6.0	16.2	72.0	1.6	16.2	53.2	61.8	7.2	1.5	93.9
2010	632.6	548.8	11.4	50.7	157.5	13.9	29.7	130.4	150.9	20.4	3.7	171.4
2015	986.4	1195.2	25.6	58.9	235.4	70.6	90.5	246.5	289.4	43.5	10.5	250.5
2020	966.8	1312.3	31.6	71.5	323.4	1161.7	119.7	376.3	353.3	54.6	131.7	280.1

资料来源：历年《中国统计年鉴》。

从表 5 - 6 中可以看出，2020 年旅游、运输和金融服务几乎占到了我国服务贸易进口的 70%，其他行业进口比重还相对较小，相对比较突出的是咨询、保险、专有权利使用费和特许费这三个门类。从总体的趋势上来看，在 2005 年之后，旅游的比重呈现出快速增长的趋势，到 2020 年，占比已接近 26%。运输进口占比在 2020 年有所下跌，而咨询、专有权利使用费和特许费、保险的进口占比有了较快的增长。对运输服务、旅游服务的进口，有利于我国学习对方服务行业先进的管理经验、技术水平等，有助于提高中国服务企业自身的经营效率，也有利于促进中国产业结构的演进。

四、国际贸易引致的技术进步对中国产业结构演进的影响分析

国际贸易与技术进步两者是相辅相成的关系，国际贸易的不断发展会引致技术的进步，与此同时，技术进步同样会对国际贸易产品的结构和贸易的格局产生影响。40 余年的改革开放历程，也是中国的国际贸易不断发展壮大的历程，推动着产业的技术进步，进而实现产业结构不断向高级化演进。

（一）货物贸易引致的技术进步对中国产业结构的影响分析

货物贸易出口结构上，从初级产品与工业制成品出口比例结构来看，工业制成品出口比例增加，说明了随着中国货物贸易的不断发展，技术含量较高的工业制成品出口所占比重不断提升，工业制成品内部出口结构得到优化，资本密集型或技术密集型的产品出口比重不断上升。这从一方面反映出了我国科技水平以及工业生产能力、生产工艺的不断提升；另一方面工业制成品尤其是资本密集型和技术密集型工业制成品的附加值比较高，其出口比例的增加可以为国家换取大量的外汇，提高企业的实际收益水平，从而进一步提升企业的生产技术水平。企业生产技术水平的提高，有利于进一步提高企业劳动生产率，也会促进企业积极改进生产经营效率、提高节能环保水平，进一步促进我国产业结构的演进。

在货物贸易进口结构上，从初级产品与工业制成品比例结构来看，中国

进口商品的结构中呈现出了对初级产品的需求在上升，而对工业制成品的需求在下降的趋势，中国的货物进口呈现出二元结构。中国进口初级产品的结构也在不断优化，对一些工业生产所需要的原料、燃料的需求在增加。这一方面说明了中国工业生产能力、技术水平的提高；另一方面货物贸易进口结构的这些变化也会进一步促进中国制造业结构的优化升级，最终促进中国产业结构的合理演进。

另外，从工业制成品进口结构变化上看，因为进口一些技术含量较高的工业制成品，通过引进相关技术也可以提升中国在该领域的技术水平，促进中国产业结构的合理演进。因此，对于一些技术含量较高的工业制成品进口，应该注重对这些高技术产品的引进、消化、吸收及创新。

（二）服务贸易引致的技术进步对中国产业结构的影响分析

在服务贸易出口结构上，计算机和信息服务、运输服务、建筑服务、旅游服务等出口所占比例增加，这些行业对技术有一定的要求，其出口所占比例增加有利于进一步提升这些行业的技术水平。这些行业技术水平的提高也会进一步促进其产值所占比重的提高，从而促进服务业的进一步发展，促进中国产业结构的合理演进。

在服务贸易进口结构上，对运输服务、旅游服务的进口，有利于学习对方服务行业先进的管理经验，可以提高中国服务企业自身的技术水平、经营水平以及经营效率，从而加快中国服务业的发展，也有利于促进中国产业结构的合理演进。

第二节　国际贸易对美国产业结构演进的影响分析

一、美国对外贸易总体情况

国际贸易在美国的经济发展中扮演了十分重要的角色，1768～1772 年间美国通过与欧洲各国之间进行国际贸易以及吸纳大批欧洲移民，使美国的生产技术有了较快发展，同时也推动了美国经济的较快增长。英国无疑是这一时期美国最大的贸易伙伴。这一时期美国对英国的出口占到出口总额的56%，同时期对欧洲南部的出口份额为18%，对西印度群岛的出口份额为26%，直接出口到非洲的产品不足1%。而反向来看，美国早期的产品有近80%是从英国进口的，其次是从西印度各群岛进口，占比大致占到了18%，而从欧洲南部进口的占比不足2%。1768～1772年美国出口最多的十种商品如表5-7所示。

表5-7　　　　　　　1768～1772年美国出口最多的十种商品

（1768～1772年的年均价值）　　　　　　单位：千英镑

项目	金额
烟草	766
面包和面粉	410
大米	312
鱼	154
小麦	115
靛青	113
玉米	83
松木板	70
侧板和天花板	65
马	60

资料来源：Gary M. Walton and James F. Shepherd, The Economic Rise of Early America. England：Cambridge University Press, 1975, Table21, 194-195.

从表5-7中不难发现，这一时期的美国出口的主要商品几乎都为农产品，烟叶、大米、靛青占到了出口前10名价值总和的一半多。而美国从英国、欧洲南部、西印度群岛进口的产品以日用品居多，例如，铁器、刀具、家具和其他铜铁制品。美国主要出口初级的农产品，而从英国等地主要进口工业制成品，这导致早期的美国存在着很大的贸易逆差，1768～1772年美国的商品贸易逆差达到了1121千英镑。不过早期美国的贸易逆差都被英国以包括军费在内的各种形式相抵消，早期的美国通过与英国的贸易得到了较大的优惠。此后随着美国独立战争的爆发，其国际贸易受到了较大影响，例如，美国向英国出口商品的价值从战前的 540 万美元下降到了 450 万美元，与西印度群岛的贸易也从 220 万美元下降到了 140 万美元。独立后的美国面临着较为紧张的国际发展环境，加之同时期的欧洲也面临着动荡多变的局势，美国的国际贸易停滞不前的状态一直持续了从独立战争结束至 19 世纪 50 年代的 70 多年。不过国际贸易的停滞却使得美国本土的制造业有了较快发展，特别是以纺织、冶金、采矿等为代表的工业，1820 年美国的工业总增加值仅占世界工业总产值的 6%，1860 年就上升到了 15%，达到 18.86 亿美元。

19 世纪初期到 19 世纪中期，美国独立战争之前，以棉纺织工业、采矿业、钢铁冶炼为代表的工业发展已使美国的三次产业结构出现了调整，第二产业在这一时期当中已逐渐超过第一产业，不过第二产业在这一阶段以轻工业为主。而独立战争之后，美国的整个工业体系开始向重工业方向快速发展，世界国际贸易格局被美国所改写，美国的对外贸易结构也呈现出新的变化，如表 5-8 所示。

表 5-8　　　　　1850 年和 1900 年美国的对外贸易组成

1850 年				1900 年			
出口		进口		出口		进口	
项目	占比（%）	项目	占比（%）	项目	占比（%）	项目	占比（%）
原材料	62	原材料	8	原材料	25	原材料	33
制成品	18	制成品	55	制成品	24	制成品	26
半制成品	4	半制成品	15	半制成品	11	半制成品	16
加工食品	15	加工食品	12	加工食品	15	加工食品	16
天然食品	1	天然食品	10	天然食品	25	天然食品	9

资料来源：美国经济分析局。

从表 5-8 中可以清晰地看出美国对外贸易内部结构的变化。1850 年，美国的出口当中原材料占据了较高的比例，而到了 1900 年，原材料出口的比重下降到了 25%。出口当中天然食品的比重从 1% 增长到了 25%，这一方面反映出美国粮食产量的大幅上升，另一方面被认为是铁路网络的快速发展，方便了天然食品的运输和出口所导致的。制成品和半制成品的比重有了明显的上升，主要是以钢铁、木材制品、精炼油、铜制品、小汽车和农业机械为代表。1915~1920 年美国半制成品和制成品的比重几乎占到出口产值的一半，20 世纪 20 年代初期美国几乎生产了全世界 70% 的石油、50% 的铜、38% 的铅、42% 的锌、42% 的煤、46% 的铁、54% 的棉花、62% 的玉米、36% 的电力。而从进口来看，1850 年进口的产品中制成品和半制成品的比重达到了 70%，而到了 1900 年这一比例下降到 42%，而增长最为明显的是原材料，主要是橡胶、热带纤维以及诸如镍和锡这样的金属。美国的贸易对象也逐渐发生了变化，在美国内战之前，欧洲是美国最大的出口地，而到了 1885 年左右，美国对欧洲的出口出现了下降的趋势，1920 年美国出口欧洲的产品份额逐渐下降到了 60%，与此同时美国则一直是欧洲最大的出口对象国。

从 20 世纪 20 年代中后期开始，大萧条开始席卷资本主义国家，美国的对外贸易在这一时期受到了重挫，尤其是出口的份额有了大幅的降低（见表 5-9）。

表 5-9　　　　　**1910~1939 年美国的进出口贸易统计**　　　　单位：亿美元

年份	出口总额	进口总额	进出口总额	贸易差额
1910	17.450	15.569	33.019	1.881
1920	82.280	52.785	135.065	29.495
1930	38.432	30.609	69.041	7.823
1939	31.772	23.181	54.953	8.591

资料来源：马丹. 美国对外贸易体制研究［M］. 北京：中国经济出版社，2010.

从表 5-9 中可以较为直观地感受到大萧条对美国贸易带来的冲击。1920 年美国的进出口贸易总额已达到了 135.065 亿美元，相较于 1910 年进出口总额的 33.019 亿美元，在十年的时间里增长了近 3.1 倍，增长速度高于此前的任何一个时期。而随着经济危机的到来以及受到世界动荡格局的影响，1930 年美国的对外贸易近乎被"腰斩"，1939 年更是出现进一步的下降，美国的对外贸易受到了重挫。从贸易差额来看，1910～1939 年，美国都保持着贸易顺差。

1939 年之后第二次世界大战全面爆发，此前建立起来的国际贸易秩序遭到了较为严重的冲击，美国的对外贸易自然也受到了较大的影响。第二次世界大战结束之后，各国的发展重心回到了经济建设上，国际贸易也得以逐渐恢复，美国的进出口总额也获得了较快的增长，具体如表 5 - 10 所示。

表 5 - 10 　　　　　　1960～1970 年美国对外贸易变动统计 　　　　单位：亿美元

年份	出口			进口			贸易平衡		
	总额	货物	服务	总额	货物	服务	总额	货物	服务
1960	260	197	63	225	148	77	35	49	-14
1961	264	201	63	222	145	77	42	56	-14
1962	277	208	69	244	163	81	34	45	-11
1963	296	223	73	254	170	84	42	52	-10
1964	333	255	78	273	187	86	60	68	-8
1965	353	265	88	306	215	91	47	50	-3
1966	389	293	96	360	255	105	29	38	-9
1967	414	307	107	388	269	119	26	38	-12
1968	445	336	119	453	330	123	2	6	-4
1969	492	364	128	491	358	133	1	6	-5
1970	567	425	142	544	399	145	23	26	-3

资料来源：美国经济分析局。

从表 5 - 10 中可以看出美国的对外贸易情况。从出口来看，货物出口的比重要高于服务出口的比重，而且货物出口的增速也远高于服务出口的增速，货物出口的快速增长是出口总额快速增长的原因。而从进口来看，在这一时段中美对外贸易都保持着顺差，货物的进口比重和增速也要高于服务。不过从 20 世纪 70 年代开始美国的对外贸易发生了较大变化，具体如表 5 - 11 所示。

表 5 - 11　　　　　1970 ~ 2020 年美国对外贸易统计　　　单位：亿美元

年份	出口总额	进口总额	进出口总额	贸易差额
1970	566	544	1110	22
1973	912	893	1805	19
1976	1427	1488	2915	- 61
1979	2241	2487	4728	- 246
1982	2752	2994	5746	- 242
1985	2888	4109	6997	- 1221
1988	4313	5472	9785	- 1159
1991	5813	6119	11932	- 306
1994	7026	7998	15024	- 972
1997	9339	10409	19748	- 1070
2000	10701	14454	25155	- 3753
2003	10205	15170	25375	- 4965
2006	14368	22021	36389	- 7653
2009	15831	19668	35499	- 3837
2010	18536	23483	42019	- 4947
2011	21270	26756	48026	- 5486
2012	22190	27558	49748	- 5368
2013	22935	27553	50488	- 4618
2014	23759	28662	52421	- 4903
2015	22639	27644	50283	- 5005
2016	22081	27129	49210	- 5048
2017	23068	27342	50410	- 4274
2018	23879	27897	51776	- 4018
2019	23998	28032	52030	- 4034
2020	24532	28897	53429	- 4365

资料来源：美国经济分析局。

从 20 世纪 70 年代末期开始，美国的进出口增长速度受到了国际政治格局变化、经济周期波动、石油危机等因素的影响，其增长速度相对较慢，长期保持着贸易逆差。

从表 5 – 11 中不难看出，美国的出口长期低于进口，且二者之和和二者之差在相对较长的时间内都保持着稳步上升的态势，美国的出口和进口也大致保持了趋同的经济增长态势。有两个比较特殊的时点，一个是在 2000 年前后，另一个是在 2008 年次贷危机前后，美国的进出口增速放缓，总量也在放缓。值得注意的是，美国对外贸易在 2000 ~ 2008 年、2008 ~ 2014 年出现回调之后，又出现一轮新的较快增长，作为美国最大的贸易伙伴国之一，其中必然有中国经济快速发展的因素，但是总的来说美国的对外贸易有了较快的发展。

与中国的对外贸易依存度相类似，美国的对外贸易依存度在 20 世纪 70 年代仍然处于较低水平，1970 年美国的对外贸易依存度还仅为10.2%，但随着对外贸易的进一步发展，美国的对外贸易依存度在逐渐提升（图 5 – 4）。

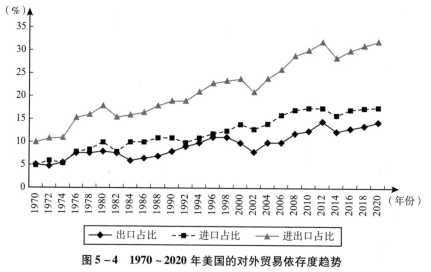

图 5 – 4 1970 ~ 2020 年美国的对外贸易依存度趋势

资料来源：世界银行数据库。

从图 5 - 4 中可以看出，美国的对外贸易依存度呈现出缓慢上升的态势，进口对外贸易依存度与出口对外贸易依存度之间几乎保持着同步增长。有几个关键的时段值得注意，第一个时段是 1970 ~ 1980 年，此阶段美国的对外贸易依存度有了较快速度的上涨，1970 年美国的对外贸易依存度为 10.2%，到了 1980 年对外贸易依存度达到了 19.8%。第二个时段为1985 ~ 1997 年，这一阶段美国的对外贸易依存度也得到了较快速度的增长，从 1985 年的 16.2% 增长到了 1997 年的 23.1%，但由于金融危机，对外贸易依存度增速再次放缓。第三个时段是 1998 ~ 2008 年，这期间又迎来了新的一轮增长，2008 年的对外贸易依存度达到了 29.9%。遭遇次贷危机后开始深度回调至 24.7%，之后又迎来了强势反弹，2012 年的对外贸易依存度达到了 32% 以上，达到历史的最高水平，之后则出现了下滑的趋势。总的来看，美国的对外贸易依存度从 1970 年开始便稳步上升，遇到金融危机则会深度回调，但之后便会迎来强劲反弹。目前中国的对外贸易依存度与美国的对外贸易依存度在比值上越来越接近，但从结构来看，中国的出口对外贸易依存度要远高于进口对外贸易依存度，也要远高于美国的出口对外贸易依存度。由此可以看出，美国是进口导向型经济，而中国则是出口导向型经济。

从上文的分析可以看出，美国的对外贸易依存度从 1999 年开始有了较大幅度的提升，尤其是货物贸易增长速度较快，下面将对美国 1999 年之后的贸易数据进行着重分析，以总结和归纳美国的对外贸易结构。

美国的货物出口主要分为三类，分别是日用品（general merchandise）、转口货物净出口（net exports of goods under merchanting）和非货币黄金（nonmonetary gold），而美国的服务贸易主要可分为维护和维修服务（maintenance and repair services）、运输（transport）、旅游（travel）、保险服务（insurance services）、金融服务（financial services）、知识产权（charges for the use of intellectual property）、电信、计算机、信息服务（telecommunications, computer, and information services）、其他商业服务（other business services）以及管理咨询和公共关系（government goods and services）。先来看美国的对外贸易中货物出口与服务出口的构成关系，如图 5 - 5 所示。

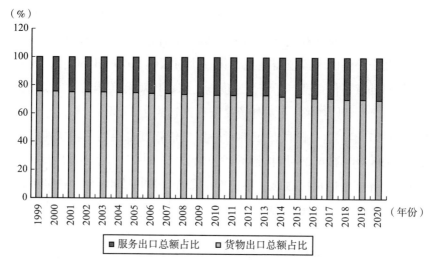

图 5 - 5   1999~2020 年美国对外贸易货物出口与服务出口构成关系

资料来源：美国经济分析局。

从图 5 -5 中可以直观地看出美国对外贸易中货物出口与服务出口的结构关系，货物的出口明显要高于服务的出口，二者之间的比重相对较为稳定，货物出口占到了出口份额的 70%，而服务贸易则占到了出口份额的30%，从最近几年的数据来看，服务贸易的比重有所上升。从绝对值来看，2014 年美国的货物出口一度高达 1. 63 万亿美元，但其后呈现出下降趋势。相反，服务贸易呈现出了逆势增长的趋势，2020 年服务贸易的出口额超过 7000 亿美元，而在 2011 年服务贸易的出口额还仅为 6278 亿美元。

二、出口贸易结构

（一）货物贸易的出口结构

在货物贸易当中，由于转口货物净出口和非货币黄金两者所占比重较小，亦非本书讨论的重点，因此以下主要分析的是日用品货物出口，2000~2020 年美国货物出口贸易构成如表 5 - 12 所示。

表5-12　　　　　2000～2020年美国货物出口贸易构成　　　单位：亿美元

年份	食品饮料	工业用品和材料	除汽车以外的资本品	汽车及零部件、发动机	除汽车和食品之外的消费品	其他一般商品
2000	478.71	1711.08	3570	803.56	893.05	330.78
2005	589.55	2368.12	3584.26	984.06	1152.28	382.76
2010	1077.19	3885.61	4478.39	1120.08	1649.09	509.31
2015	1277.35	4174.45	5397.58	1519.21	1974.07	549.04
2020	1606.10	4301.03	5613.14	1782.04	2134.8	589.65

资料来源：美国经济分析局。

从表5-12中的数据可以直观地看出，美国的货物出口贸易构成当中所占比重比较高的是除汽车以外的资本品、工业用品和材料，其在货物贸易中的比重一直相对较高。从出口规模增速来看，最快的是食品饮料行业。从美国货物贸易的出口结构可以看出，美国货物贸易的出口结构中技术含量较高的除汽车以外的资本品等所占比重比较大。若从三次产业的角度来看，美国的出口结构中仍然以工业制成品的出口为主，这反映出美国科学技术水平、工业生产能力较强，从而会促进美国产业结构的演进。

（二）服务贸易的出口结构

2000～2020年美国服务出口贸易构成如表5-13所示。

从表5-13中可以明显地看出，2020年美国的服务出口贸易中，占比靠前的门类分别是旅游、知识产权、其他商业服务、金融服务。旅游服务的出口所占比重虽然较大，但近年来增长速度较慢，其在所有服务出口中的比重在逐渐降低，2020年维持在27%左右，比较观察的初期下降了近8%，大体呈现出同样趋势的是知识产权服务。这些行业对技术水平也有一定的要求，其出口有利于进一步提升这些行业的技术水平，进一步促进美国产业结构的演进。

表 5 - 13　　　　　　　 2000～2020 年美国服务出口贸易构成　　　　　 单位：亿美元

年份	维护和维修服务	运输	旅游	保险服务	金融服务	知识产权	电信、计算机、信息服务	其他商业服务	管理咨询和公共关系
2000	50.1	457.6	1001.9	36.3	221.2	518.1	122.2	405.0	91.6
2005	76.2	526.2	1014.7	75.7	398.8	744.5	155.2	583.0	155.8
2010	145.5	716.6	1370.1	144.0	723.5	1075.2	250.4	1010.3	197.8
2015	234.1	876.1	2054.2	162.3	1026.0	1244.4	356.6	1366.2	211.7
2020	298.7	999.8	2213.1	177.2	1147.3	1314.2	398.3	1524.2	234.1

资料来源：美国经济分析局。

三、进口贸易结构

若从货物进口和货物出口的构成关系来看，货物进口仍然是美国进口贸易结构中占比较高的部分，其比重要比出口结构中所占的高，如图 5 - 6 所示。

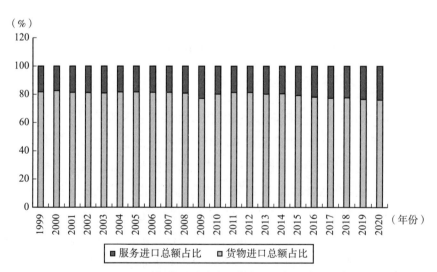

图 5 - 6　1999～2020 年美国对外贸易货物进口与服务进口构成关系

资料来源：美国经济分析局。

从图 5 - 6 中可以看出，货物进口所占的比重要远高于服务进口所占的比重，二者的比例关系相对较为稳定，大致呈现出 8∶2 的关系。从绝对值上来看，受到 2008 年次贷危机的影响，货物的进口受到了较大的挫折，2009 年货物进口总值一度下降到了 1.58 万亿美元，但此后又有所提升，当前美国货物的进口总额已经达到了 2.4 万亿美元，服务的进口额也超过了 5000 亿美元。

（一）货物贸易的进口结构

相较于美国的货物出口，美国的货物进口常年要高于货物的出口（如表 5 - 14 所示），这是美国在进出口贸易当中长期保持逆差的重要原因。

表 5 - 14　　　　　　　　2000～2020 年美国货物进口贸易构成　　　　　单位：亿美元

年份	食品饮料	工业用品和材料	除汽车以外的资本品	汽车及零部件、发动机	除汽车和食品之外的消费品	其他一般商品
2000	464.9	3037.7	3477.1	1949.5	2846.3	482.3
2005	690.7	5336.9	3828.3	2387.2	4127.3	541.6
2010	924.9	6102.7	4504.1	2256.4	4851.2	605.2
2015	1287.7	4922.4	6067.7	3500.3	5965.6	856.5
2020	1532.3	4921.1	6523.8	3876.5	6303.8	886.4

资料来源：美国经济分析局。

表 5 - 14 直观地反映了美国货物进口贸易的基本情况，美国的货物进口当中排名较为靠前的是工业用品和材料，除汽车以外的资本品，汽车及零部件、发动机，除汽车和食品之外的消费品，其中占比最高的还是除汽车以外的资本品，除汽车和食品之外的消费品占比也相对较高。从整体的发展趋势上来看，2008 年次贷危机前后，工业用品和材料所占的进口规模呈现出相反的走势，近些年工业用品和材料所占的比重在逐渐降低，而除汽车以外的资本品的比重又有所提高。与中国类似，从美国货物贸易进口结构变化中，也难以判断其对美国技术进步的影响，美国虽然是高度发

达的资本主义国家，但也并不是可以生产所有的高技术产品，也需要进口部分技术含量较高的工业制成品。引进并吸收这些先进技术，可以提升美国在该领域的技术水平。

（二）服务贸易的进口结构

服务贸易同样是美国对外贸易进口当中的重要组成部分，美国对外贸易的进口结构与出口结构大体相似，旅游运输和其他商业服务所占比重较高，其他服务占比相对较低，具体如表 5-15 所示。

表 5-15　　　　　　　　2000~2020 年美国服务进口贸易构成　　　　单位：亿美元

年份	维护和维修服务	运输	旅游	保险服务	金融服务	知识产权	电信、计算机、信息服务	其他商业服务	管理咨询和公共关系
2000	25.7	576.1	657.9	112.8	109.4	166.1	124.0	244.1	145.2
2005	30.2	756.4	799.9	287.1	121.3	255.8	159.8	359.6	274.5
2010	69.1	746.3	866.2	614.8	155.0	325.5	290.2	706.5	319.6
2015	90.1	970.6	1147.2	478.2	257.4	398.6	362.7	996.7	215.9
2020	92.3	999.6	1465.7	521.7	278.9	467.3	381.1	1001.3	231.4

资料来源：美国经济分析局。

表 5-15 清晰地反映出美国服务进口贸易的情况。可以看出，运输、旅游、其他商业服务、保险服务、知识产权是美国进口服务贸易中排名相对靠前的门类。其中占比最高的是旅游，其进口规模占到了近 27%；其次是其他商业服务，占比规模约为 18%。旅游和运输两项服务进口占比相对较大，且规模相对较为稳定。值得注意的是，在结构上增长相对较快的是其他商业服务，2020 年其占比已超过 18%，而在观察的初期其仅占 11% 左右。对运输服务、旅游服务的进口，有利于学习对方服务行业先进的管理经验、技术水平等，也可以提高美国服务企业自身的经营效率，有利于促进美国产业结构的演进。

四、国际贸易引致的技术进步对美国产业结构演进的影响分析

美国的国际贸易发展同样对其产业结构起到了积极的促进作用，特别是经济全球化以来，美国经济迅猛发展，成为全球化的最大受益者。全球化促进了美国的经济增长和国际贸易发展，美国也依托其强大的高技术产业，在国际产业分工中占据了有利地位。

（一）出口贸易引致的技术进步对美国产业结构的影响分析

货物贸易出口结构：从美国货物贸易的出口结构可以看出，美国的出口结构仍然以工业制成品的出口为主，技术含量较高的除汽车以外的资本品等所占比重也比较大。这不仅反映出美国科学技术水平、工业生产能力较强，反过来通过出口也会促进美国科学技术水平、工业生产能力的提高，并进一步促进美国产业结构的合理演进。

服务贸易出口结构：美国的服务出口主要是以旅行、知识产权、金融、其他商业服务为主，这些行业对技术水平有一定的要求，其出口有利于进一步提升这些行业的技术水平，会加快美国服务业的进一步发展，也会促进美国产业结构的合理演进。

（二）进口贸易引致的技术进步对美国产业结构的影响分析

货物贸易进口结构：美国虽然是高度发达的资本主义国家，也需要进口部分技术含量较高的工业制成品，引进并吸收这些先进技术，从而提升美国在该领域的技术水平，促进美国产业结构的合理演进。

服务贸易进口结构：与中国类似，美国对运输服务、旅游服务的进口，有利于学习对方服务行业先进的管理经验、技术水平等，也可以提高美国服务企业自身的经营水平、经营效率，有利于提高美国服务产业产值所占比重，促进美国产业结构的合理演进。

（三）国际贸易与美国引发经贸摩擦的本质及其特征

前文已论述，美国是全球化的最大受益者，国际贸易促进了美国产业结构的调整升级。而中美经济贸易关系一直是两国关系的"压舱石"和"稳定器"。特朗普当选美国总统之后，美国之所以采取单边贸易保护，主动引发经贸摩擦，并使其不断升级，其本质在于三点：一是美国的霸权主义思维。冷战之后，世界向多极化发展，但美国却仍在推行霸权思维和单级统治，采取了制裁、孤立、制造借口和先发制人的军事打击等主要手段，强推西方的价值理念。与之相对应的是中国提出了命运共同体的发展理念，赢得了世界大多数国家的认同，并为之积极努力。二是多极化发展的时代特征。美国的经济及综合国力逐渐衰退，以中国为代表的新兴经济体则正在不断崛起，尤其是中国正在进行产业结构的大调整，并且成长为世界第二大经济体，已经成为多极化中的重要一极。三是两种意识形态的对立。资本主义与社会主义的本质不同，决定了发展道路和发展目标的不同，也决定了价值观体系的不同。

特朗普政府提出美国优先，既是霸权主义的体现，也是其维护和争取霸权地位的手段。发起经贸摩擦的目的，一方面是因为贸易优先才能追求美国利益最大化，是振兴美国经济的最快途径；另一方面则是要抢占经济制高点，即高科技制造业。其认为只有占据科技的制高点，才能更好地维护美国的霸权主义。现行体系已经不能适应美国利益最大化的追求，只有采取贸易保护主义政策和反全球化，才能长期占据全球产业价值链的顶端。因此，对中美两国产业结构演进进行比较研究，有助于充分认识中美贸易摩擦的本质。

第三节　本章小结

中国方面，从货物的出口来看，中国将出口分为初级产品出口和工业制成品出口，工业制成品占有绝对的优势。在初级产品当中，食品及主要供食用的活动物门类的出口较高，而在工业制成品当中，机械及运输设备所占的比重较高。在进口方面，初级产品与工业制成品的比重差距在缩小，不过工业制品的规模仍然远高于初级产品的规模，初级产品中中国占比较高的是非食用原料、矿物燃料、润滑油及有关原料，工业制成品中进口占比最大的仍然是机械及运输设备。结合进出口的情况来看，机械及运输设备这一门类的贸易在中国对外贸易中占据着重要的地位，并且有继续扩大的趋势。

而在中国的服务贸易当中，旅游和运输一直都是占比相对较高的进出口贸易门类，并且长期来看其仍然会保持这种优势地位。不过从增速来看，服务贸易中的咨询、保险服务、专有权利使用费和特许费增速都较快，这些行业未来将会是中国服务贸易中的重要组成部分。

对比美国的情况，美国的进出口货物贸易当中，除汽车以外的资本品、工业用品和材料占比较高。而从服务业来看，旅游和运输的进出口占比相对较高，但美国服务贸易在出口方面，金融服务、知识产权、其他商业服务所占的比重也相对较高，进口方面则以其他商业服务、旅游、运输、知识产权、保险服务为主。

总之，对于中美两国来说，货物贸易方面，技术含量较高的工业制成品出口所占比重不断提升，从一个侧面反映出两国科技水平以及工业生产能力、生产工艺的不断提升，会促进中美两国产业结构的演进。但是，由于中美两国货物贸易数据来源口径有着较大的差别，因此无法具体区分两国货物贸易中技术进步的差别。

服务贸易方面，对运输、旅游的进出口，不仅有利于进一步提升这些行业的技术水平，也有利于学习对方服务行业先进的管理经验等，可以提高本国服务企业自身的经营效率，也有利于促进中美两国产业结构的演进。

此外，在国际收支平衡方面，美国较长时间都处于贸易逆差，而中国则在较长时间内都处于贸易顺差，且美国的对外贸易依存度比中国的对外贸易依存度低。总的来说，贸易顺差有利也有弊，但较高的对外贸易依存度是值得警惕的。

第六章　国际直接投资对中美两国
产业结构演进的影响分析

随着经济全球化的深度发展和国际资本流动的日趋加强，国际直接投资（foreign direct investment，FDI）已经成为中美两国经济发展的重要组成部分。中美两国都是 FDI 的大国，利用 FDI 很大程度上缓解了两国相关产业的资金短缺问题，加快了两国经济总量的增长，进一步改善了经济总体质量水平，促进了外向型经济的迅猛发展，加速了两国的技术进步和产业结构的调整升级。FDI 与国际贸易对一国产业结构演进影响机理相类似，主要是通过资本的关联效应、技术关联效应、产业关联效应、竞争效应和示范效应对一国产业结构产生影响。

第一节　国际直接投资对中国产业
结构演进的影响分析

一、中国实际利用外资情况

改革开放初期，我国产业结构内部发展失衡，具体而言就是重工业所占比重过高，轻工业所占比重较低，且利用外资的产业政策相对模糊，这使得我国在外商投资方面发展滞后，仅有较少的外商投资。随着我国经济的进一步发展，外商投资的规模也在持续扩大，FDI 的流入大大促进了我国各产业部门以及各产业内部各行业的技术进步和劳动生产率的提高，间接推动了我国产业结构的优化与升级，国内资金和技术密集型产业因此得到了发展，外商投资逐渐成为我国产业结构转变的重要驱动因素之一。实际利用外资的金额分为实际利用外商直接投资和实际利用外商其他投资两大类，相比于实际利用外商直接投资，实际利用外商其他投资金额占比相对较小且波动幅度较大，2011 年以来呈现出递减的趋势，具体如表 6 - 1 所示。

表 6 - 1　　　　　1983～2020 年中国实际利用外资情况　　　　单位：亿美元

年份	实际利用外资额	实际利用外商直接投资额	实际利用外商其他投资额
1983	22.6	9.2	2.8
1984	28.7	14.2	1.6
1985	47.6	19.6	3.0
1986	76.3	22.4	3.7
1987	84.5	23.1	3.3
1988	102.3	31.9	5.5
1989	100.6	33.9	3.8
1990	102.9	34.9	2.7
1991	115.5	43.7	3.0
1992	192.0	110.1	2.8
1993	389.6	275.1	2.6
1994	432.1	337.7	1.8
1995	481.3	375.2	2.9
1996	548.0	417.3	4.1
1997	644.1	452.6	71.3
1998	585.6	454.6	20.9
1999	526.6	403.2	21.9
2000	593.6	407.2	86.4

续表

年份	实际利用外资额	实际利用外商直接投资金额	实际利用外商其他投资额
2001	496.7	468.8	27.9
2002	550.1	527.4	22.7
2003	561.5	535.1	26.4
2004	640.7	606.3	34.4
2005	638.1	603.3	34.8
2006	670.8	630.2	40.6
2007	783.4	747.7	35.7
2008	952.6	924.0	28.6
2009	918.0	900.3	17.7
2010	1088.2	1057.3	30.9
2011	1177.0	1160.1	16.9
2012	1133.0	1117.2	15.8
2013	1187.2	1175.9	11.3
2014	1197.0	1195.6	1.4
2015	1262.7	1262.7	0.0
2016	1260.0	1260.0	0.0
2017	1310.3	1310.3	0.0
2018	1349.6	1349.6	0.0
2019	1381.3	1381.3	0.0
2020	1443.7	1443.7	0.0

注：2001 年前实际利用外资额包括对外借款。

资料来源：历年《中国统计年鉴》。

从表 6-1 来看，中国的外商投资额自改革开放以来不断增长，特别是从 1992 年开始呈现出较快增长，1992~2008 年间，年均增长超过了 120%。次贷危机爆发之后，增速开始放缓，不过 2017 年以来又呈现出持续上升的态势，这一方面反映出我国投资环境的持续改善，另一方面也反映出外国投资者对于我国经济发展的信心。2020 年，我国的实际利用外资额约为 1983 年的 63.88 倍。

二、中国外商直接投资结构

从中国外商直接投资的结构上来看，中国外商直接投资的产业分布结构与中国外商直接投资行业细分结构都发生了较大的变化。从外商直接投资的产业分布来看，从 1997 年至 2020 年，外商直接投资我国第一产业的比重一直都相对较小，大致在 0.1% ~ 0.2% 之间，第三产业和第二产业的地位则出现了微妙的变换，在 2007 年之前，FDI 对于我国第二产业的投资要远高于对我国第三产业的投资，但这种情况在 2007 年前后发生了转变，FDI 投资第二产业的规模锐减，而投资第三产业的比重开始上升，此后二者之间的差距越来越小，至 2013 年 FDI 对第三产业的投资比重已高于第二产业，2016 年该比例已达 61% 以上（如图 6 - 1 所示）。

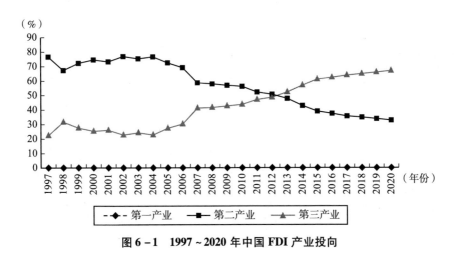

图 6 - 1　1997 ~ 2020 年中国 FDI 产业投向

资料来源：中华人民共和国商务部网站。

图 6 - 1 的数据与我国产业结构演进的规律基本保持了一致，第三产业吸引外商直接投资的比例越来越高，尤其是金融、保险、租赁等行业近些年来都取得了较快的增长。外商直接投资的快速增加，有利于提高这些

行业的技术水平，也有利于促进我国产业结构的合理演进。

2005～2020 年中国外商直接投资的行业细分结构如表 6-2 所示。

表 6-2　　　　2005～2020 年中国外商直接投资行业细分构成　　单位：亿美元

行业	2005 年	2010 年	2015 年	2020 年
农、林、牧、渔业	7.2	19.1	15.3	5.8
采矿业	3.5	6.8	2.4	6.6
制造业	424.5	495.9	395.4	310.0
电力、热力、燃气及水生产和供应业	13.9	21.2	22.50	31.1
建筑业	4.9	14.6	15.6	18.2
交通运输、仓储和邮政业	18.1	22.4	41.9	50.0
信息传输、软件和信息技术服务业	10.1	24.9	38.4	164.3
批发和零售业	10.4	66.0	120.2	118.4
住宿和餐饮业	5.6	93.0	4.3	8.2
金融业	2.2	11.2	149.7	64.8
房地产业	5.4	23.9	28.9	203.3
租赁和商务服务业	37.5	71.3	100.5	265.6
科学研究和技术服务业	3.4	19.7	45.3	179.4
水利、环境和公共设施管理业	1.4	91.0	4.3	5.7
居民服务、修理和其他服务业	2.6	20.5	7.2	3.1
教育	0.2	0.1	0.3	2.8
卫生和社会工作	0.4	0.9	1.4	2.3
文化、体育和娱乐业	3.1	4.4	7.9	4.0

资料来源：2006 年、2011 年、2016 年、2021 年《中国统计年鉴》。

从表 6-2 可以看出，外商直接投资中国制造业数额比较大，从 2005 年开始至 2020 年，外商直接投资中国制造业始终保持在 300 亿美元以上。尤其是 2005～2010 年，外商直接投资中国制造业大体保持了增长的态势，从 424.5 亿美元增长到了 495.9 亿美元。不过 2010 年以后增速逐渐下滑，2015 年的投资金额已低于 2005 年的水平。总体上看，外商直接投资制造业所占比重还是最高的，远远高于其他细分行业。制造业对技术水平有较高要求，外商直接投资我国制造业，在给外商带来一定利润的同时，也可以帮助被投资企业吸收外商提供的先进技术和管理经验，加快我国制造业技术水平的提高，会促进我国产业结构的合理演进。

三、国际直接投资引致的技术进步对中国产业结构演进的影响分析

从上述的对比分析中可以看出，国际直接投资引致技术进步的动因应该有两个层面：一是外商投资企业直接将先进的技术带到我国，通过转入先进的生产技术、先进的工艺设备和管理经验等，使所投资行业的劳动生产率得到进一步提高，促进产业结构的调整升级；二是一些规模较大的外商投资企业或跨国公司，在行业内处于实际的垄断地位，外商投资企业与国内企业之间以及外商投资企业之间缺乏竞争，处于垄断地位的外商投资企业不会主动把先进的技术带到我国来，只有通过竞争才能促使这些企业将先进的技术转让给我国。竞争是先进技术转让的真正动力。只要能够继续维持竞争优势，外商投资企业就不会把技术转让给东道国。

在竞争的投资环境下，外商投资企业为保持竞争优势，会加速先进技术的转让，进而推动我国产业结构的调整升级。对于我国来说，外商直接投资的产业领域主要在第二、三产业，并且规模在不断扩大，第一产业的比重较小，这也是技术进步在第二、三产业突破较快的原因，同时也表明产业结构在向高级化演进。随着我国第三产业在 GDP 中的比重越来越大，技术进步在第三产业的贡献也将更加突出，国际直接投资在一定程度上优化了资源配置，促进了产业结构的调整升级。

从我国第三产业实际利用外资的情况中可以看出，第三产业的大部分行业利用外资都呈现出较快的增长态势，当前实际利用外商直接投资的门类占比最高的是房地产行业，在 2005～2020 年的十五年间，规模增速十分明显（2014～2016 年有一定程度下滑）。第三产业中利用外资占比第二高的是金融行业，其利用外资增长速度也较快，从 2014 年到 2020 年逆势增

长。第三产业中利用外资所占比重较高及增长速度较快的还有租赁和商务服务业、科学研究和技术服务业、批发和零售业、信息传输、软件和信息技术服务业等。这些细分行业对技术水平也有较高要求，同理，这些细分行业利用外商直接投资，在给外商带来一定利润的同时，也可以吸收外商提供的先进技术、管理经验等，以便加快这些细分行业技术水平的提高，促进我国产业结构的合理演进。

第二节　国际直接投资对美国产业结构演进的影响分析

一、美国实际利用外资情况

美国的外商直接投资规模很大，2020 年以前，美国的外商直接投资高于中国，是世界上吸引外商直接投资第一大国，总体上美国的外商直接投资规模保持着稳步增长的态势，具体如表 6 - 3 所示。

表 6 - 3　　　1980 ~ 2020 年美国的实际利用外商直接投资额及增速

年份	实际利用外商直接投资额（亿美元）	增速（%）
1980	83.05	—
1981	108.71	31
1982	124.68	15
1983	137.06	10
1984	164.58	12
1985	184.62	21
1986	224.10	18
1987	263.39	19
1988	314.75	19

年份	实际利用外商直接投资额（亿美元）	增速（%）
1989	368.92	17
1990	394.91	7
1991	419.11	6
1992	423.13	1
1993	467.41	10
1994	480.67	3
1995	535.55	11
1996	598.02	12
1997	681.84	14
1998	778.42	14
1999	955.73	23
2000	1256.87	32
2001	1343.99	7
2002	1327.17	-1
2003	1395.16	5
2004	1520.32	9
2005	1634.12	7
2006	1840.46	13
2007	1993.16	8
2008	2046.66	3
2009	2069.44	1
2010	2180.04	5
2011	2233.85	2
2012	2384.71	7
2013	2427.83	2
2014	2513.30	4
2015	2634.20	5
2016	2715.24	3

年份	实际利用外商直接投资额（亿美元）	增速（%）
2017	3000.25	10
2018	2250.04	−25
2019	2510.99	12
2020	1340.43	−47

资料来源：世界银行数据库。

从表6-3中可以看出，美国的实际利用外商直接投资额从1980年开始大体呈现出持续增长的态势，1988年之前，美国的实际利用外商直接投资额增速都在10%以上，此后在1992～1999年间又迎来了新的一轮较快增长，1999年的增速高达32%，并且在2000年便突破了1000亿美元大关。近些年来增速已经逐渐放缓，部分年份出现负增长但总的来说美国的实际利用外商直接投资额金额巨大，远超过我国的外商直接投资规模（2020年除外）。

二、美国的外商直接投资结构

从美国的外商投资结构上来看，其主要将外商投资的行业划分为制造业（manufacturing）、批发贸易（wholesale trade）、零售贸易（retail trade）、信息（information）、存款机构（depository institutions（banking））、金融保险（除存款机构）（finance（except depository institutions）and insurance）、不动产及租赁（real estate and rental and leasing）、专业技术服务（professional，scientific，and technical services）、其他产业（other industries）。

从表6-4中可以看出，FDI对于美国产业投资的方向偏好于制造业，2020年统计数据显示，FDI投资于美国制造业的金额已达14256.4亿美元，这也是FDI投资于美国制造业的历史最高值，而且预计投资制造业的规模还会继续增加，因为当前制造业的上涨趋势是最快的。其他产业、金融业的占比也较高，金融业的投资总额与制造业的投资总额曾一度很接近，特别是在 2006 年前后，但明显可以看出，由于受到次贷危机的影响，金融业在 2008 年的投资总额下滑明显，不过近些年来增速又逐渐加快。其他产业中包含了农林牧渔、采矿业、公用事业、运输仓储以及医疗等，不难发现，其他产业的比重在近些年来也呈现出快速下降的趋势。若细分美国的制造业，则涵盖食品、化学品、原材料和装配金属、机械制造、计算机和电子产品、电气设备、运输设备以及包括烟草、衣服、纸、石油、塑料在内的其他制造业分类。

表 6-4　　　　　2000~2020 年美国外商投资分行业构成　　　单位：亿美元

年份	制造业	批发贸易	零售贸易	信息	存款机构	金融保险（除存款机构）	不动产及租赁	专业技术服务	其他产业
2000	4805.6	1739.9	267.0	1468.6	642.4	1670.1	499.9	304.9	1170.4
2005	4998.5	2355.1	309.3	1025.8	1301.8	2146.2	373.4	515.5	3315.5
2010	7568.7	2550.5	447.7	1251.8	1200.2	3581.8	446.4	902.5	4850.9
2015	12228.5	3670.9	656.8	1988.7	1979.3	3875.4	704.7	1454.9	4782.9
2020	14256.4	3865.4	742.1	2153.4	2015.4	4012.5	802.5	1658.4	4856.4

资料来源：美国经济分析局。

综上所述，FDI 主要投资于美国的制造业、金融业等产业，而美国制造业、金融业等产业科技含量相对较高，FDI 流向这些产业，有利于进一步提升这些产业的科技水平，从而促进美国产业结构的演进。2000~2020年美国制造业按行业外商直接投资构成如表 6-5 所示。

除了最后一类是个大集合，当前美国制造业中利用外商直接投资规模相对较大的门类分别是化学品、运输设备、机械制造、食品、计算机及电子产品和电气设备，尤其是计算机及电子产品、电气设备这两个门类增长速较快。这些行业的科技水平相对较高，FDI 流向这些行业，会进一步提升这些行业的技术水平，有利于促进美国产业结构的合理演进。

表6-5　　　2000~2020年美国制造业按行业外商直接投资构成　单位：亿美元

年份	食品	化学品	原材料和装配金属	机械制造	计算机及电子产品	电气设备	运输设备	其他
2000	320.3	849.0	149.0	368.4	415.6	102.5	487.7	1097.5
2005	452.2	1237.8	271.6	464.3	313.0	110.4	744.9	1404.3
2010	344.5	1564.7	461.3	747.2	619.9	229.8	953.2	2648.1
2015	783.2	4756.9	581.6	924.3	584.0	365.2	1411.2	2822.1
2020	799.6	5621.7	603.7	1025.6	672.0	396.1	1564.8	2985.3

资料来源：美国经济分析局。

三、国际直接投资引致的技术进步对美国产业结构演进的影响分析

美国作为世界上最大的发达国家，不仅经济规模巨大，高技术企业总量也很庞大，尤其是金融服务业等领域先进的技术和宽松自由的投资环境，是其吸纳 FDI 的巨大区位优势。美国的外商投资额金额巨大，远超过我国的外商直接投资规模。

在美国外商直接投资的产业，主要是美国的制造业、金融业等产业，而美国制造业、金融业等产业科技含量相对较高，FDI 流向这些产业，有利于进一步提升这些产业的科技水平，同时也会促进美国制造业、金融服务业的发展，提高这些产业产值所占的比重。美国通过这些产业直接吸引外商投资，同时获得了先进技术和管理方法，产生了技术扩散效应，带动了美国相关企业提高技术水平，提高竞争力，从而促进了美国产业结构的合理演进。

美国也并非在所有行业都处于技术领先地位，美国劳动力成本高，一些其他国家的先进技术企业，在向美国投资的过程中，不仅将技术输入了美国，同时也促进了相关行业劳动生产率的提高，使产业结构得到了调整优化。比如美国制造业中引进 FDI 增长速度最快的行业是计算机及电子产品、电气设备，FDI 大量流向这些行业，在进一步提升这些行业技术水平

的同时，也有利于这些行业的相关企业改善经营管理、提高经营效率、降低企业生产成本、实现规模经济，有利于促进美国产业结构的合理演进。

第三节　本章小结

中美两国之间国际直接投资之间存在的异同：如果从外商直接投资的规模上来看，美国外商直接投资的规模要远远超过中国；如果从产业的角度来看，外商直接投资美国的第三产业要比第二产业的规模要高，这与中国当前外商投资的结构基本相同。不过外商直接投资美国第三产业的规模早就超过了第二产业，而中国只是最近几年第三产业利用外商直接投资的规模才超过第二产业。第三产业吸引外商直接投资的比例越高，越有利于提升第三产业的技术水平，也越有利于促进产业结构的合理演进。

若从行业的角度来看，在美国的外商投资当中，制造业、金融业所占比重比较大，远远超过了其他行业。而美国制造业、金融业等产业科技含量相对较高，FDI 流向美国这些产业，有利于进一步提升美国这些产业的科技水平，从而促进美国产业结构的演进。中国的情况与美国相类似，制造业、房地产业、金融业是外商投资较高的行业，FDI 流向中国这些产业，有利于进一步提升中国这些产业的科技水平，从而促进中国产业结构的演进。但是，中国房地产业存在一定程度的泡沫成分，这会对中国产业结构的合理演进产生一定负面影响。

第七章 中美两国产业结构演进驱动因素影响作用实证检验

前文从理论分析的角度，分析了需求因素、国际贸易与国际直接投资、创新活动（用研发投入表示）等因素导致的技术进步对产业结构演进的作用机理。本章在理论分析的基础上，运用VAR模型、灰色关联度等方法，对理论分析的结果进行检验。具体来说，就是运用灰色关联分析法分析需求因素、国际贸易、国际直接投资、研发投入与中美两国产业结构演进的关联度，运用VAR模型分析需求因素、国际贸易、国际直接投资、研发投入对中美两国产业结构演进的影响，并对各驱动因素与中美两国产业结构演进关联度以及各驱动因素对中美两国产业结构演进的影响做出比较。

第一节 假设条件、变量选取和数据来源

一、假设条件

在进行实证分析之前，先给出实证分析所需的几个假设条件：

第一，影响产业结构演进的因素有很多，但是在灰色关联分析法与VAR模型分析部分，由于受模型自变量数目的限制，并且根据本书分析的结果，只选取国际贸易、国际直接投资、技术创新、需求因素作为影响

产业结构演进的四个主要因素，其他一些次要影响因素排除在模型分析之外。

第二，假设世界政治经济格局保持稳定，不会出现类似于两次世界大战那样影响世界政治经济格局的大规模战争，稳定的世界政治经济格局有利于各国国际贸易、国际直接投资、研发活动的开展。

第三，本书的理论分析部分以国际贸易与国际直接投资对技术进步的影响作为侧重点，分析了中美两国产业结构演进驱动因素，但是在实证分析中，由于技术进步在模型中作为自变量与作为因变量都不太适合，并且本书研究的主题仍然是中美两国产业结构演进中的驱动因素，因此在灰色关联分析法与 VAR 模型中，不将技术进步引入。

二、变量选取

在变量选取上，以中国和美国的国际贸易和国际直接投资、研发经费以及人均 GDP 作为自变量，检验其对 GDP 增长变化的作用。可以选取中国历年 GDP 为因变量，历年产业结构升级指数、劳动力投入、物质资本投入为自变量进行 VAR 模型分析以及灰色关联度分析。

用中美两国第三产业增加值占 GDP 比重数据代表中美两国产业结构演进，用中美两国研发投入（R&D）经费支出占 GDP 的比重数据代表中美两国技术创新，用中美两国人均 GDP 数据代表中美两国需求因素。

将 1995~2020 年中美两国第三产业增加值占 GDP 比重数据设定为参考数列（用 $Y(k)$ 表示，$k=1$，2，…，26），将 1995~2020 年中美两国国际贸易额、国际直接投资额、R&D 经费支出占 GDP 的比重、人均 GDP 数据设定为比较数列（用 $Xi(k)$ 表示，$k=1$，2，…，26；$i=1$，2，…，4）。$X1(k)$ 表示 1995~2020 年中美两国国际贸易额，$X2(k)$ 表示中美两国国际直接投资额，$X3(k)$ 表示中美两国 R&D 经费支出占 GDP 的比重，$X4(k)$ 表示中美两国人均 GDP。

三、数据来源

数据来源上，1995~2020 年中国第三产业增加值占 GDP 比重数据来源于 1996~2021 年《中国统计年鉴》，数据经过计算整理后得出。1995~2020 年美国第三产业增加值占 GDP 比重数据来源于美国商务部经济分析局，数据经过整理而得。

1995~2020 年中国国际贸易额数据来源于中国海关总署网站，1995~2020 年美国国际贸易额数据来源于美国商务部经济分析局。

1995~2020 年中国国际直接投资额数据来源于 1996~2021 年《中国统计年鉴》，1995~2020 年美国国际直接投资额数据来源于世界银行数据库。

1995~2020 年中国、美国人均 GDP 数据以及中国、美国 R&D 经费支出占 GDP 的比重数据来源于世界银行数据库。

表 7-1 和表 7-2 分别为 1995~2020 年中美两国产业结构演进相关数据。

表 7-1　　　　　　　　1995~2020 年中国产业结构演进相关数据

年份	第三产业增加值占 GDP 比重（％）	国际贸易额（亿美元）	国际直接投资额（亿美元）	R&D 经费支出占 GDP 的比重（％）	人均 GDP（美元）
1995	28.5	3239	375.2	0.57	604
1996	28.5	3329	417.3	0.64	703
1997	34.5	3774	452.6	0.65	774
1998	33.0	3744	454.6	0.75	821
1999	37.4	4178	403.2	0.83	865
2000	39.0	5403	407.2	0.89	959
2001	40.5	5816	468.8	0.94	1053
2002	41.5	7063	527.4	1.06	1148
2003	41.2	9523	535.1	1.12	1288

续表

年份	第三产业增加值占 GDP 比重（％）	国际贸易额（亿美元）	国际直接投资额（亿美元）	R&D 经费支出占 GDP 的比重（％）	人均 GDP（美元）
2004	40.4	12883	606.3	1.21	1508
2005	40.1	15790	603.3	1.31	1753
2006	41.8	19521	630.2	1.37	2099
2007	42.9	24275	747.7	1.37	2695
2008	42.8	28678	924.0	1.45	3471
2009	44.3	24942	900.3	1.66	3838
2010	44.1	33364	1057.3	1.71	4560
2011	44.2	40610	1160.1	1.78	5633
2012	45.3	43377	1117.2	1.91	6337
2013	46.7	46986	1175.9	1.99	7077
2014	47.8	49058	1195.6	2.02	7683
2015	50.5	46660	1262.7	2.06	8069
2016	51.6	43471	1260.0	2.08	8117
2017	51.6	48028	1310.3	2.15	9563
2018	52.7	54143	1349.6	2.21	10435
2019	53.3	53628	1381.3	2.31	11032
2020	54.3	53176	1443.7	2.40	11422

注：（1）用第三产业增加值占 GDP 比重代表产业结构演进指数，单位:%；（2）用人均 GDP 代表需求因素，单位：美元；（3）用财政支出中 R&D 经费支出占 GDP 比重代表供给因素，单位:%；（4）用国际贸易额（用进出口贸易额表示）、国际直接投资额代表外部因素，单位：亿美元。

从表 7-1 中的指标数值可以看出，中国的第三产业增加值占 GDP 比重总体呈持续增长趋势，国际贸易额、国际直接投资额、R&D 经费支出占 GDP 的比重以及人均 GDP 均持续增长。

表 7 - 2   1995～2020 年美国产业结构演进相关数据

年份	第三产业增加值占 GDP 比重（%）	国际贸易额（亿美元）	国际直接投资额（亿美元）	R&D 经费支出占 GDP 的比重（%）	人均 GDP（美元）
1995	75.13	16325.84	535.55	2.41	28782
1996	75.20	18054.71	598.02	2.55	30068
1997	75.53	19748.64	681.84	2.57	31572
1998	76.23	22061.45	778.42	2.59	32949
1999	76.51	23569.41	955.73	2.60	34621
2000	76.60	25155.45	1256.87	2.62	36449
2001	77.63	24921.45	1343.99	2.64	37273
2002	78.53	25164.64	1327.17	2.54	38166
2003	78.27	25375.53	1395.16	2.56	39677
2004	77.84	29651.12	1520.32	2.48	41921
2005	77.74	33621.84	1634.12	2.50	44307
2006	77.38	36389.64	1840.46	2.54	46437
2007	77.48	38514.51	1993.16	2.62	48061
2008	77.85	37152.15	2046.66	2.77	48401
2009	79.31	35498.80	2069.44	2.82	47001
2010	79.08	42018.69	2180.04	2.73	48375
2011	78.59	48026.67	2233.85	2.77	49793
2012	78.79	49747.51	2384.71	2.70	51450
2013	78.51	50487.91	2427.83	2.74	52782
2014	78.60	52421.46	2513.30	2.75	54696
2015	79.53	50282.59	2634.20	2.79	56443
2016	80.20	49209.54	2715.24	2.80	58588
2017	80.05	50143.34	3000.25	2.82	60231
2018	80.60	51231.56	2250.04	2.84	63234
2019	80.98	51832.21	2510.99	2.84	65231
2020	81.47	52053.71	1340.43	2.86	64327

注：各指标的含义同表 7 - 1。

对比表 7 - 1 和表 7 - 2 中的指标数值可以看出，美国第三产业增加值占 GDP 比重、国际直接投资额、R&D 经费支出占 GDP 的比重以及人均 GDP 均高于中国，只有近些年的国际贸易额数值与中国接近。

进一步用初值化对这些数据进行标准化处理，即每一指标下的所有数据都与其第一个数值相除，得到新的数列。标准化以后的数据见表 7 - 3 和表 7 - 4。

表 7 - 3　　　　　1995～2020 年中国产业结构演进初值化相关数据

年份	第三产业增加值占 GDP 比重	进出口贸易额	国际直接投资额	R&D 经费支出占 GDP 的比重	人均 GDP
1995	1.0000	1.0000	1.0000	1.0000	1.0000
1996	1.0000	1.0278	1.1122	1.1228	1.1639
1997	1.2105	1.1652	1.2063	1.1404	1.2815
1998	1.1579	1.1559	1.2116	1.3158	1.3593
1999	1.3123	1.2899	1.0746	1.4561	1.4321
2000	1.3684	1.6681	1.0853	1.5614	1.5877
2001	1.4211	1.7956	1.2495	1.6491	1.7434
2002	1.4561	2.1806	1.4057	1.8596	1.9007
2003	1.4456	2.9401	1.4262	1.9649	2.1325
2004	1.4175	3.9775	1.6159	2.1228	2.4967
2005	1.4070	4.8750	1.6079	2.2982	2.9023
2006	1.4667	6.0269	1.6796	2.4035	3.4752
2007	1.5053	7.4946	1.9928	2.4035	4.4619
2008	1.5018	8.8540	2.4627	2.5439	5.7467
2009	1.5544	7.7005	2.3995	2.9123	6.3543
2010	1.5474	10.3007	2.8180	3.0000	7.5497
2011	1.5509	12.5378	3.0920	3.1228	9.3262
2012	1.5895	13.3921	2.9776	3.3509	10.4917
2013	1.6386	14.5063	3.1341	3.4912	11.7169
2014	1.6772	15.1460	3.1866	3.5439	12.7202

续表

年份	第三产业增加值占 GDP 比重	进出口贸易额	国际直接投资额	R&D 经费支出占 GDP 的比重	人均 GDP
2015	1.7719	14.4057	3.3654	3.6140	13.3593
2016	1.8105	13.4211	3.3582	3.6491	13.4387
2017	1.8105	14.8280	3.4923	3.7719	15.8328
2018	1.8491	16.7160	3.5970	3.8772	17.2765
2019	1.8702	16.5570	3.6815	4.0526	18.2649
2020	1.9053	16.4174	3.8478	4.2105	18.9106

从表 7 - 3 可以看出，经过标准化处理以后的中国产业结构演进的相关数据不仅可以继续包含原始数据的全部信息，而且还消除了由于数据单位与数量级不同所带来的不利影响，便于进行灰色关联分析和 VAR 模型分析。

表 7 - 4　　　1995 ~ 2020 年美国产业结构演进初值化相关数据

年份	第三产业增加值占 GDP 比重	进出口贸易额	国际直接投资额	R&D 经费支出占 GDP 的比重	人均 GDP
1995	1.0000	1.0000	1.0000	1.0000	1.0000
1996	1.0009	1.1059	1.1166	1.0581	1.0447
1997	1.0053	1.2097	1.2732	1.0664	1.0969
1998	1.0146	1.3513	1.4535	1.0747	1.1448
1999	1.0184	1.4437	1.7846	1.0788	1.2029
2000	1.0196	1.5408	2.3469	1.0871	1.2664
2001	1.0333	1.5265	2.5096	1.0954	1.2950
2002	1.0453	1.5414	2.4781	1.0539	1.3260
2003	1.0418	1.5543	2.6051	1.0622	1.3785
2004	1.0361	1.8162	2.8388	1.029	1.4565
2005	1.0347	2.0594	3.0513	1.0373	1.5394
2006	1.0299	2.2290	3.4366	1.0539	1.6134
2007	1.0313	2.3591	3.7217	1.0871	1.6698
2008	1.0362	2.2757	3.8216	1.1494	1.6816

续表

年份	第三产业增加值占 GDP 比重	进出口贸易额	国际直接投资额	R&D 经费支出占 GDP 的比重	人均 GDP
2009	1.0556	2.1744	3.8641	1.1701	1.6330
2010	1.0526	2.5738	4.0707	1.1328	1.6807
2011	1.0461	2.9418	4.1711	1.1494	1.7300
2012	1.0487	3.0472	4.4528	1.1203	1.7876
2013	1.0450	3.0925	4.5333	1.1369	1.8339
2014	1.0462	3.2110	4.6929	1.1411	1.9004
2015	1.0586	3.0799	4.9187	1.1577	1.9611
2016	1.0675	3.0142	5.0700	1.1618	2.0356
2017	1.0655	3.0714	5.6022	1.1701	2.0927
2018	1.0728	3.1381	4.2014	1.1784	2.1970
2019	1.0779	3.1749	4.6886	1.1784	2.2664
2020	1.0844	3.1884	2.5029	1.1867	2.2350

从表7-4中同样可以看出，标准化处理以后的美国产业结构演进的相关数据不仅可以继续包含原始数据的全部信息，而且还消除了由于数据单位与数量级不同所带来的不利影响，便于进行灰色关联分析和 VAR 模型分析。

第二节　中美两国产业结构演进驱动因素影响作用实证检验
——基于灰色关联分析法

一、基于灰色关联分析法的计算过程

运用灰色关联分析法对中美两国产业结构升级与各驱动因素关联度进

行分析，将标准化以后的数列 $Y_0 = (x_{01}, x_{02}, \cdots, x_{022})$ 作为参考数列，$X_i = (x_{i1}, x_{i2}, \cdots, x_{i22})$，$(i = 1, 2, \cdots, 4)$ 作为比较数列，关联系数的计算公式为：

$$\varepsilon_i(k) = \frac{\min\limits_i \min\limits_k |Y(k) - X_i(k)| + \rho \max\limits_i \max\limits_k |Y(k) - X_i(k)|}{|Y(k) - X_i(k)| + \rho \max\limits_i \max\limits_k |Y(k) - X_i(k)|} \quad (7-1)$$

记 $\Delta_i(k) = |Y(k) - X_i(k)|$

则 $\varepsilon_i(k) = \dfrac{\min\limits_i \min\limits_k \Delta_i(k) + \rho \max\limits_i \max\limits_k \Delta_i(k)}{\Delta_i(k) + \rho \max\limits_i \max\limits_k \Delta_i(k)}$

式中，ρ 是分辨系数，$\rho \in [0, 1]$，ρ 一般取值为 0.5，$i = 1, 2, \cdots,$ 4；$k = 1, 2, \cdots, 22$。

运用灰色关联分析法，按照式（7-1），对中美两国产业结构演进灰色关联相关数值进行计算，可以得出表 7-5 和表 7-6 中的计算结果。

表 7-5   1995~2020 年中国产业结构演进灰色关联计算相关数值

年份	$|Y - X1|$	$|Y - X2|$	$|Y - X3|$	$|Y - X4|$
1995	0.0000	0.0000	0.0000	0.0000
1996	0.0278	0.1122	0.1228	0.1639
1997	0.0453	0.0042	0.0701	0.0710
1998	0.0020	0.0537	0.1579	0.2014
1999	0.0224	0.2377	0.1438	0.1198
2000	0.2997	0.2831	0.1930	0.2193
2001	0.3745	0.1716	0.2280	0.3223
2002	0.7245	0.0504	0.4035	0.4446
2003	1.4945	0.0194	0.5193	0.6869
2004	2.5600	0.1984	0.7053	1.0792
2005	3.4680	0.2009	0.8912	1.4953
2006	4.5602	0.2129	0.9368	2.0085
2007	5.9893	0.4875	0.8982	2.9566

续表

年份	$\mid Y - X1 \mid$	$\mid Y - X2 \mid$	$\mid Y - X3 \mid$	$\mid Y - X4 \mid$
2008	7.3522	0.9609	1.0421	4.2449
2009	6.1461	0.8451	1.3579	4.7999
2010	8.7533	1.2706	1.4526	6.0023
2011	10.9869	1.5411	1.5719	7.7753
2012	11.8026	1.3881	1.7614	8.9022
2013	12.8677	1.4955	1.8526	10.0783
2014	13.4688	1.5094	1.8667	11.0430
2015	12.6338	1.5935	1.8421	11.5874
2016	11.6106	1.5477	1.8386	11.6282
2017	13.0175	1.6818	1.9614	14.0223
2018	14.8669	1.7479	2.0281	15.4274
2019	14.6868	1.8113	2.1824	16.3947
2020	14.5121	1.9425	2.3052	17.0053

注：Y 代表第三产业增加值占 GDP 比重；$X1$、$X2$、$X3$、$X4$ 代表国际贸易额、国际直接投资额、R&D 经费支出占 GDP 的比重、人均 GDP。表 7 – 6 同。

表 7 – 6　　1995 ~ 2020 年美国产业结构演进灰色关联计算相关数值

年份	$\mid Y - X1 \mid$	$\mid Y - X2 \mid$	$\mid Y - X3 \mid$	$\mid Y - X4 \mid$
1995	0.0000	0.0000	0.0000	0.0000
1996	0.1050	0.1157	0.0572	0.0438
1997	0.2044	0.2679	0.0611	0.0916
1998	0.3367	0.4389	0.0601	0.1302
1999	0.4253	0.7662	0.0604	0.1845
2000	0.5212	1.3273	0.0675	0.2468
2001	0.4932	1.4763	0.0621	0.2617
2002	0.4961	1.4328	0.0086	0.2807
2003	0.5125	1.5633	0.0204	0.3367
2004	0.7801	1.8027	0.0071	0.4204

续表

年份	$|Y-X1|$	$|Y-X2|$	$|Y-X3|$	$|Y-X4|$
2005	1.0247	2.0166	0.0026	0.5047
2006	1.1991	2.4067	0.0240	0.5835
2007	1.3278	2.6904	0.0558	0.6385
2008	1.2395	2.7854	0.1132	0.6454
2009	1.1188	2.8085	0.1145	0.5774
2010	1.5212	3.0181	0.0802	0.6281
2011	1.8957	3.1250	0.1033	0.6839
2012	1.9985	3.4041	0.0716	0.7389
2013	2.0475	3.4883	0.0919	0.7889
2014	2.1648	3.6467	0.0949	0.8542
2015	2.0213	3.8601	0.0991	0.9025
2016	1.9467	4.0025	0.0943	0.9681
2017	2.0059	4.5367	0.1046	1.0272
2018	2.0653	3.1286	0.1056	1.1242
2019	2.0970	3.6107	0.1005	1.1885
2020	2.1040	1.4185	0.1023	1.1506

表7-5和表7-6的计算结果并不代表具体经济意义，而是用来进一步计算中美两国产业结构演进灰色关联系数与灰色关联度。

根据表7-5的计算结果，再结合式（7-1），可以得出：

$$\min_i\min_k|Y(k)-X_i(k)|=0, \quad \max_i\max_k|Y(k)-X_i(k)|=17.0053$$

代入式（7-1）可以得出式（7-2）：

$$\varepsilon_i(k)=\frac{0+0.5\times17.0053}{|Y(k)-X_i(k)|+0.5\times17.0053} \qquad (7-2)$$

根据表7-6的计算结果，再结合式（7-1），可以得出：

$$\min_i\min_k|Y(k)-X_i(k)|=0, \quad \max_i\max_k|Y(k)-X_i(k)|=4.5367$$

代入式（7-1）可以得出式（7-3）：

$$\varepsilon_i(k) = \frac{0 + 0.5 \times 4.5367}{|Y(k) - X_i(k)| + 0.5 \times 4.5367} \qquad (7-3)$$

在此基础上，进一步求关联度 r_i，关联度 r_i 计算公式如下：

$$r_i = \frac{1}{26} \sum_{k=1}^{26} \varepsilon_i(k) \qquad (7-4)$$

将表 7-5 中的数据代入式（7-2）中，可以得到中国产业结构演进灰色关联系数计算结果，进一步结合式（7-4）可以得到中国产业结构演进灰色关联度计算结果（见表 7-7）。

将表 7-6 中的数据代入式（7-3）中，可以得到美国产业结构演进灰色关联系数计算结果，进一步结合式（7-4）可以得到美国产业结构演进灰色关联度计算结果（见表 7-8）。

表 7-7　1995~2020 年中国产业结构演进灰色关联系数与灰色关联度计算结果

年份	X1	X2	X3	X4
1995	1.0000	1.0000	1.0000	1.0000
1996	0.9895	0.9955	0.9898	0.9991
1997	0.9709	0.9737	0.9935	0.9788
1998	0.9678	0.9715	0.9845	0.9816
1999	0.9547	0.9409	0.9849	0.9640
2000	0.9597	0.9228	0.9778	0.9544
2001	0.9462	0.9126	0.9712	0.9429
2002	0.9502	0.9027	0.9455	0.9325
2003	0.9772	0.8838	0.9227	0.9250
2004	0.9856	0.8665	0.8818	0.9165
2005	0.9658	0.8348	0.8347	0.9046
2006	0.9634	0.7859	0.7996	0.8739
2007	0.9849	0.7260	0.7633	0.8325
2008	0.9624	0.6687	0.6822	0.7931
2009	0.8182	0.6247	0.5972	0.7585
2010	0.8459	0.5826	0.5372	0.7254

年份	X1	X2	X3	X4
2011	0.8023	0.5206	0.4636	0.6777
2012	0.7318	0.4739	0.4056	0.6355
2013	0.7691	0.4336	0.3663	0.5904
2014	0.7144	0.4303	0.3446	0.5553
2015	0.6327	0.4152	0.3394	0.5123
2016	0.6149	0.4009	0.3303	0.4999
2017	0.6563	0.4136	0.3301	0.4904
2018	0.6432	0.4103	0.3206	0.4889
2019	0.6311	0.4052	0.3188	0.4734
2020	0.5465	0.3809	0.3178	0.4678
r_i	0.8685	0.7349	0.7325	0.8160

表7-8　1995～2020年美国产业结构演进灰色关联系数与灰色关联度计算结果

年份	X1	X2	X3	X4
1995	1.0000	1.0000	1.0000	1.0000
1996	0.9727	0.9668	0.9659	0.9923
1997	0.9550	0.9223	0.9614	0.9814
1998	0.9203	0.8723	0.9600	0.9669
1999	0.9144	0.7733	0.9573	0.9548
2000	0.9083	0.6358	0.9496	0.9438
2001	0.9476	0.6133	0.9520	0.9258
2002	0.9748	0.6353	0.9928	0.9089
2003	0.9939	0.6215	0.9823	0.9017
2004	0.9159	0.5916	0.9934	0.8939
2005	0.8542	0.5710	0.9974	0.8821
2006	0.8232	0.5204	0.9752	0.8730
2007	0.8061	0.4907	0.9418	0.8599

续表

年份	X1	X2	X3	X4
2008	0.8567	0.4826	0.8872	0.8471
2009	0.9007	0.4764	0.8880	0.8288
2010	0.7672	0.4369	0.9160	0.8202
2011	0.6747	0.4132	0.8909	0.8149
2012	0.6713	0.3951	0.9188	0.8016
2013	0.6766	0.3775	0.8951	0.7945
2014	0.6713	0.3779	0.8981	0.7829
2015	0.7437	0.3570	0.8899	0.7832
2016	0.7998	0.3433	0.8820	0.7747
2017	0.7866	0.3344	0.8857	0.7866
2018	0.7765	0.3334	0.8833	0.7822
2019	0.7661	0.3293	0.8799	0.7788
2020	0.7587	0.3281	0.8789	0.7631
r_i	0.8522	0.5829	0.9398	0.8765

由表7-7和表7-8可知，中美两国产业结构演进受各驱动因素影响的程度有着较大的差异，中国产业结构演进受国际贸易额（X1）、需求因素（X4）影响较大；美国产业结构演进受研发投入（X3）、需求因素（X4）影响较大。

二、基于灰色关联分析法计算结果的进一步分析

从表7-7可以看出，各驱动因素与1995~2020年中国产业结构演进之间的关联度由大到小的排列顺序为：国际贸易额（X1）＞人均GDP（X4，代表需求因素）＞国际直接投资额（X2）＞R&D经费支出占GDP的比重（X3，代表研发投入）。

国际贸易额和需求因素与中国产业结构演进的关联度比较大，分别为

0.8685、0.8160，国际直接投资额和研发投入与中国产业结构演进的关联度次之，分别为 0.7349、0.7325，研发投入对中国产业结构演进的影响力明显低于国际贸易额。

从表 7-8 可以看出，各因素与 1995~2020 年美国产业结构演进之间的关联度由大到小的排列顺序为：R&D 经费支出占 GDP 的比重（$X3$，代表研发投入）>人均 GDP（$X4$，代表需求因素）>国际贸易额（$X1$）>国际直接投资额（$X2$）。

研发投入与美国产业结构演进的关联度比较大，为 0.9398，需求因素和国际贸易额与美国产业结构演进的关联度次之，分别为 0.8765、0.8522，国际直接投资额与中国产业结构演进的关联度一般，为 0.5829，国际直接投资额对美国产业结构演进的影响力明显低于研发投入。

总之，中美两国产业结构演进受各驱动因素影响的程度有着较大的差异，中国产业结构演进受国际贸易额、需求因素影响较大。美国产业结构演进受研发投入、需求因素影响较大。另外，任何一种数据标准化处理方法都有其局限性，本章用的初值化方法也不例外。本章用初值化方法将各指标数据进行标准化处理，其结果是各指标数据的起始年份数值都为 1，并且随着时间的推移，越往后的年份各指标数据的标准化数值越小，从而使计算出的各指标灰色关联系数数值在起始年份最大（为 1），越往后的年份其数值越小。因此，本章计算出的各指标灰色关联系数数值在不同年份之间的比较没有意义，只适合比较各指标灰色关联度的数值（ri）。

第三节　中美两国产业结构演进驱动因素影响作用实证检验
——基于 VAR 模型

本节先对变量进行单整检验、协整检验，建立向量自回归模型（VAR），接着进行基于向量自回归模型的脉冲响应函数和方差分解模型的分析，然后进行 Granger 因果关系检验，最后建立误差修正模型（ECM）。

一、单整检验

对中美两国变量 Y、X1、X2、X3 以及 X4 分别进行单整检验（单位根 ADF 检验），其检验结果如表 7 − 9 所示：对中美两国变量 Y、X1、X2、X3 以及 X4 分别进行单整检验（单位根 ADF 检验），其检验结果如表 7 − 9 所示。

表 7 − 9　中美两国变量 Y、X1、X2、X3、X4 单位根的 ADF 检验

变量	检验类型	检验值 中国	检验值 美国	各显著性水平下的临界值 1%	5%	10%	检验结果
LNY	$(C, 0, 0)$	− 1.56	− 1.67	− 3.83	− 3.02	− 2.65	非平稳
$LNX1$	$(C, 0, 0)$	− 1.87	− 1.96	− 3.78	− 3.01	− 2.64	非平稳
$LNX2$	$(C, 0, 0)$	− 2.01	− 1.99	− 3.78	− 3.01	− 2.64	非平稳
$LNX3$	$(C, 0, 0)$	− 1.36	− 1.53	− 3.76	− 3.00	− 2.64	非平稳
$LNX4$	$(C, 0, 0)$	− 1.48	− 1.85	3.76	− 3.00	− 2.64	非平稳
ΔLNY	$(C, 0, 0)$	− 4.87	− 4.92	− 4.46	− 3.64	− 3.26	平稳
$\Delta LNX1$	$(C, 0, 0)$	− 2.34	− 2.59	− 2.67	− 1.95	− 1.60	平稳
$\Delta LNX2$	$(0, 0, 0)$	− 1.99	− 2.73	− 2.67	− 1.95	− 1.60	平稳
$\Delta LNX3$	$(C, 0, 0)$	− 3.01	− 2.08	− 2.67	− 1.95	− 1.60	平稳
$\Delta LNX4$	$(C, 0, 0)$	− 2.03	− 2.78	− 2.67	− 1.95	− 1.60	平稳

注：检验类型（C, T, K）分别表示单位根检验方程，包括常数项、时间趋势项和滞后阶数，括号中为 0 则表示不包括这一项，Δ 为一阶差分算子，Δ^2 为二阶差分算子。

从表 7 − 9 可以看出，中美两国变量 Y、X1、X2、X3、X4 是一阶单整时间序列（经过一阶差分以后是平稳时间序列），可以继续进行协整分析。

二、协整检验

如前文所述，中美两国变量 Y、$X1$、$X2$、$X3$、$X4$ 都是一阶单整时间序列，如果中美两国变量 Y、$X1$、$X2$、$X3$、$X4$ 是同阶单整并且有协整关系，则向量自回归分析是有效的。中美两国变量 Y、$X1$、$X2$、$X3$、$X4$ 滞后 2 期进行 Johansen 协整检验，结果如表 7 – 10 所示。

表 7 – 10　　中美两国变量 Y、$X1$、$X2$、$X3$、$X4$ 最大特征统计量检验结果

原假设	特征值	5% 临界值	最大特征统计量	
			中国	美国
没有协整关系	0.90	32.11	54.75	43.46
最多一个协整关系	0.64	25.83	29.03	30.64
最多两个协整关系	0.51	19.38	26.43	25.07
最多三个协整关系	0.41	12.51	7.03	7.94
最多四个协整关系	0.31	5.65	13.64	8.73

表 7 – 10 中，以 5% 检验水平判断，因为最大特征统计量中 7.03 < 12.51，7.94 < 12.51，所以最多三个协整关系的原假设被接受，表明中美两国变量 Y、$X1$、$X2$、$X3$、$X4$ 之间最多存在三个协整关系。

三、向量自回归模型（VAR）

每个变量都对其他变量起作用时适用于向量自回归模型，这里用向量自回归模型来说明中美两国产业结构演进、国际贸易额、国际直接投资额、研发投入以及需求因素之间的相互关系，将 Y、$X1$、$X2$、$X3$ 和 $X4$ 设为内生变量，将常数项 C 设为外生变量，这样取滞后期为 2 期将 Y、$X1$、$X2$、$X3$ 和 $X4$ 构造向量自回归模型（VAR）如下：

$$Y_t = \sum_{i=1}^{2} \left[\alpha_{1i} Y_{t-i} + \beta_{1i} X1_{t-i} + \gamma_{1i} X2_{t-i} + \mu_{1i} X3_{t-i} + \omega_{1i} X4_{t-1} \right] + C_1 + e_{1t}$$

$$X_{1t} = \sum_{i=1}^{2} \left[\alpha_{2i} Y_{t-i} + \beta_{2i} X1_{t-i} + \gamma_{2i} X2_{t-i} + \mu_{2i} X3_{t-i} + \omega_{2i} X4_{t-1} \right] + C_2 + e_{2t}$$

$$X_{2t} = \sum_{i=1}^{2} \left[\alpha_{3i} Y_{t-i} + \beta_{3i} X1_{t-i} + \gamma_{3i} X2_{t-i} + \mu_{3i} X3_{t-i} + \omega_{3i} X4_{t-1} \right] + C_3 + e_{3t}$$

$$X_{3t} = \sum_{i=1}^{2} \left[\alpha_{4i} Y_{t-i} + \beta_{4i} X1_{t-i} + \gamma_{4i} X2_{t-i} + \mu_{4i} X3_{t-i} + \omega_{4i} X4_{t-1} \right] + C_4 + e_{4t}$$

$$X_{4t} = \sum_{i=1}^{2} \left[\alpha_{5i} Y_{t-i} + \beta_{5i} X1_{t-i} + \gamma_{5i} X2_{t-i} + \mu_{5i} X3_{t-i} + \omega_{5i} X4_{t-1} \right] + C_5 + e_{5t}$$

四、基于向量自回归模型的脉冲响应函数和方差分解模型

（一）基于向量自回归模型的脉冲响应函数

对中美两国产业结构演进各相关变量进行的脉冲响应函数分析结果如表 7 - 11 和表 7 - 12 所示。

表 7 - 11　　　　基于向量自回归模型的脉冲响应函数分析结果（中国）

时期	Y	$X1$	$X2$	$X3$	$X4$
1	0.297882	0.274575	0.238729	0.246813	0.283662
2	0.825877	0.826954	0.679716	0.652033	0.839534
3	1.448644	1.486471	1.282220	1.223582	1.491009
4	2.410260	2.556864	2.280638	2.149918	2.544320
5	3.670662	3.930804	3.616141	3.380932	3.888178
6	5.107126	5.522473	5.142605	4.746346	5.445605
7	6.774145	7.317602	6.902177	6.323609	7.196985
8	8.470154	9.153829	8.647459	7.859532	8.979686
9	10.03672	10.79662	10.26057	9.314203	10.55002
10	11.30348	12.12493	11.55866	10.49995	11.78994

表 7 – 12　　　　基于向量自回归模型的脉冲响应函数分析结果（美国）

时期	Y	X1	X2	X3	X4
1	0.023301	0.006202	0.016340	0.002729	0.022815
2	0.053890	0.014665	0.039510	– 0.002520	0.051715
3	0.087520	0.02390	0.062575	– 0.010580	0.082791
4	0.120350	0.026848	0.086754	– 0.011810	0.112880
5	0.158618	0.021873	0.120367	– 0.001770	0.148973
6	0.202734	0.012234	0.163166	0.017058	0.191438
7	0.249579	0.005131	0.207341	0.038928	0.236803
8	0.291892	0.004754	0.242206	0.059264	0.277317
9	0.325131	0.010366	0.261798	0.078592	0.308225
10	0.349709	0.017224	0.267931	0.101818	0.330045

表 7 – 11 和表 7 – 12 反映的是短期内给国际贸易额、国际直接投资额、研发投入以及需求因素一个冲击后，中美两国产业结构演进的响应情况和路径。从表中可以看到，中国产业结构受自身、国际贸易额、国际直接投资额、研发投入以及需求因素的响应差不多。总体上看，中国产业结构受国际贸易额、需求因素及自身的响应要大一些，受研发的响应要小一些。

美国产业结构演进受自身的响应最大，受需求因素、国际直接投资额的响应次之，受国际贸易额、研发投入的响应较小。

（二）基于向量自回归模型的方差分解模型

为进一步得出中美两国产业结构演进的响应强度数据，对中美两国产业结构（Y）演进进行方差分解分析，结果如表 7 – 13 和表 7 – 14 所示。

表 7 – 13　　　　　　　　　变量 Y 的方差分解结果（中国）

时期	Y	X1	X2	X3	X4
1	100.0000	0.0000	0.0000	0.0000	0.0000
2	84.61362	6.608597	3.168975	3.807583	1.801227
3	86.41821	8.843084	1.682980	2.086242	0.969483
4	82.50321	14.85468	1.021031	1.145562	0.475516
5	81.72955	15.04830	1.883638	0.743382	0.595135
6	80.44935	16.26567	1.828434	1.048851	0.407698
7	80.49003	15.10972	2.393865	1.144243	0.862146
8	80.35619	14.75838	2.137960	1.624634	1.122835
9	79.60609	13.50778	2.413572	1.542105	2.930452
10	78.18411	12.74373	2.469604	1.435112	5.167441

表 7 – 14　　　　　　　　　变量 Y 的方差分解结果（美国）

时期	Y	X1	X2	X3	X4
1	100.0000	0.0000	0.0000	0.0000	0.0000
2	92.54712	0.006920	0.462307	5.079999	1.903652
3	88.89173	0.006700	0.266710	8.279747	2.555110
4	88.43375	0.870314	0.196292	7.141741	3.357908
5	86.58587	4.768422	0.417877	5.029776	3.198051
6	82.58451	9.025778	1.279983	4.271803	2.837925
7	80.89152	10.34216	1.686400	4.393992	2.685929
8	80.93137	9.740633	1.485703	4.871690	2.970604
9	80.17620	8.849093	1.651518	5.800948	3.522238
10	76.93976	8.091511	3.163937	7.740653	4.064136

　　从表 7 – 13 中可以看出，中国产业结构演进变动中有相当一部分可以被自身所解释，但是解释强度是递减的。国际贸易额（X1）能够解释中国产业结构演进变动的部分仅次于中国产业结构演进变动自身，这种解释强度是递增的；国际直接投资额（X2）、需求因素（X4）能够解释中国产

业结构演进变动的部分次之；研发投入（$X3$）能够解释中国产业结构演进变动的部分最小。

美国产业结构演进变动中也有相当一部分可以被自身所解释，但是解释强度也是递减的。研发投入（$X3$）能够解释美国产业结构演进变动的部分仅次于美国产业结构演进变动自身；国际贸易额（$X1$）以及需求因素（$X4$）能够解释美国产业结构演进变动的部分次之；国际直接投资额（$X2$）能够解释美国产业结构演进变动的部分较小。

五、基于向量自回归模型的 Granger 因果关系检验

Granger 因果关系检验可以检验中美两国变量 Y、$X1$、$X2$、$X3$、$X4$ 之间的因果关系（检验结果见表 7 – 15、表 7 – 16）。

表 7 – 15　　　中美两国变量 **Y、$X1$、$X2$、$X3$、$X4$** 之间 Granger
因果关系检验结果（中国）

滞后期	原假设	自由度	F 统计量	P 值
1	$X1$ 不是 Y 的 Granger 原因	25	47. 21	0. 00 ***
1	$X2$ 不是 Y 的 Granger 原因	25	17. 78	0. 00 ***
1	$X3$ 不是 Y 的 Granger 原因	25	0. 18	0. 67
1	$X4$ 不是 Y 的 Granger 原因	25	56. 34	0. 00 ***
2	$X1$ 不是 Y 的 Granger 原因	24	9. 91	0. 00 ***
2	$X2$ 不是 Y 的 Granger 原因	24	3. 78	0. 05 **
2	$X3$ 不是 Y 的 Granger 原因	24	3. 26	0. 07 *
2	$X4$ 不是 Y 的 Granger 原因	24	11. 76	0. 00 ***
3	$X1$ 不是 Y 的 Granger 原因	23	8. 46	0. 00 ***
3	$X2$ 不是 Y 的 Granger 原因	23	5. 01	0. 02 ***
3	$X3$ 不是 Y 的 Granger 原因	23	6. 54	0. 00 ***
3	$X4$ 不是 Y 的 Granger 原因	23	6. 02	0. 01 ***

注：* 表示在 10% 显著性水平下显著；** 表示在 5% 显著性水平下显著；*** 表示在 1% 显著性水平下显著。表 7 – 16 同。

表 7 – 16　　　中美两国变量 *Y*、*X1*、*X2*、*X3*、*X4* 之间 Granger
因果关系检验结果（美国）

滞后期	原假设	自由度	F 统计量	P 值
1	*X1* 不是 *Y* 的 Granger 原因	25	0.93	0.34
1	*X2* 不是 *Y* 的 Granger 原因	25	0.81	0.37
1	*X3* 不是 *Y* 的 Granger 原因	25	2.54	0.12
1	*X4* 不是 *Y* 的 Granger 原因	25	0.98	0.33
2	*X1* 不是 *Y* 的 Granger 原因	24	0.29	0.74
2	*X2* 不是 *Y* 的 Granger 原因	24	0.38	0.68
2	*X3* 不是 *Y* 的 Granger 原因	24	2.61	0.08 *
2	*X4* 不是 *Y* 的 Granger 原因	24	3.60	0.05 **
3	*X1* 不是 *Y* 的 Granger 原因	23	0.57	0.64
3	*X2* 不是 *Y* 的 Granger 原因	23	1.48	0.26
3	*X3* 不是 *Y* 的 Granger 原因	23	2.52	0.07 *
3	*X4* 不是 *Y* 的 Granger 原因	23	2.69	0.09 *

表 7 – 15 表明除滞后 1 期的研发投入（*X3*）以外，滞后期为 1 期、2 期、3 期，国际贸易额（*X1*）、国际直接投资额（*X2*）、研发投入（*X3*）都是中国产业结构演进变动的 Granger 原因，也就是说，国际贸易额（*X1*）、国际直接投资额（*X2*）、研发投入（*X3*）、需求因素（*X4*）对中国产业结构演进变动的影响比较明显。

滞后期为 2 期、3 期，研发投入（*X3*）、需求因素（*X4*）是美国产业结构演进变动的 Granger 原因，说明了研发投入（*X3*）、需求因素（*X4*）对美国产业结构演进变动的影响比较明显。

六、误差修正模型（ECM）

误差修正模型是为了验证如果中美两国变量 *Y*、*X1*、*X2*、*X3*、*X4* 之间短期出现不均衡，则在长期是否可以得到修正。取滞后期为 2 期，构造

Y、$X1$、$X2$、$X3$、$X4$ 误差修正模型（ECM）如下：

$$\Delta Y_i = \sum_{i=1}^{2} \left[\alpha_{1i}\Delta Y_{t-i} + \beta_{1i}\Delta X1_{t-i} + \chi_{1i}\Delta X2_{t-i} + \delta_{1i}\Delta X3_{t-i} + \rho_{1i}\Delta X4_{t-i} \right]$$
$$+ \lambda_1 \times ecm_{t-1} + C_1 + \mu_{1t}$$

$$\Delta X1_i = \sum_{i=1}^{2} \left[\alpha_{2i}\Delta Y_{t-i} + \beta_{2i}\Delta X1_{t-i} + \chi_{2i}\Delta X2_{t-i} + \delta_{2i}\Delta X3_{t-i} + \rho_{2i}\Delta X4_{t-i} \right]$$
$$+ \lambda_2 \times ecm_{t-1} + C_2 + \mu_{2t}$$

$$\Delta X2_i = \sum_{i=1}^{2} \left[\alpha_{3i}\Delta Y_{t-i} + \beta_{3i}\Delta X1_{t-i} + \chi_{3i}\Delta X2_{t-i} + \delta_{3i}\Delta X3_{t-i} + \rho_{3i}\Delta X4_{t-i} \right]$$
$$+ \lambda_3 \times ecm_{t-1} + C_3 + \mu_{3t}$$

$$\Delta X3_i = \sum_{i=1}^{2} \left[\alpha_{4i}\Delta Y_{t-i} + \beta_{4i}\Delta X1_{t-i} + \chi_{4i}\Delta X2_{t-i} + \delta_{4i}\Delta X3_{t-i} + \rho_{4i}\Delta X4_{t-i} \right]$$
$$+ \lambda_4 \times ecm_{t-1} + C_4 + \mu_{4t}$$

$$\Delta X4_i = \sum_{i=1}^{2} \left[\alpha_{4i}\Delta Y_{t-i} + \beta_{4i}\Delta X1_{t-i} + \chi_{4i}\Delta X2_{t-i} + \delta_{4i}\Delta X3_{t-i} + \rho_{4i}\Delta X4_{t-i} \right]$$
$$+ \lambda_4 \times ecm_{t-1} + C_4 + \mu_{4t}$$

用 Eviews7.0 软件对上式的估计结果见表 7-17。

表 7-17　　中美两国变量 Y、$X1$、$X2$、$X3$、$X4$ 误差修正模型（ECM）估计结果

误差修正	D（Y 中国）	D（Y 美国）
D（Y（-1））	-0.35 [-2.46]	-0.13 [-0.57]
D（Y（-2））	-0.44 [-2.45]	0.00 [0.00]
D（$X1$（-1））	-0.34 [-2.51]	0.16 [1.16]
D（$X1$（-2））	-0.47 [-1.61]	0.22 [1.23]
D（$X2$（-1））	-0.13 [-0.73]	0.39 [1.47]
D（$X2$（-2））	0.18 [1.43]	-0.17 [-0.55]
D（$X3$（-1））	-0.08 [-0.55]	0.26 [1.98]
D（$X3$（-2））	0.23 [1.88]	-0.03 [-1.07]
D（$X4$（-1））	-0.07 [-0.56]	0.22 [1.99]

续表

误差修正	D（Y中国）	D（Y美国）
D（X4（−2））	0.25［1.83］	−0.02［−1.08］
EC（−1）	−0.54［−4.53］	−0.51［−4.01］
C	0.03［−1.86］	0.07［0.57］
R − squared	0.89	0.80
Adj R − squared	0.78	0.63
F 值	74.29	15.25
Log Likelihood	406.54	374.55
Akaike Information Criterion（AIC）	−18.33	−19.52
Schwarz Criterion（SC）	−19.21	−17.44

注：方括号内为 t 统计量。

误差修正模型检验结果表明，误差修正系数是负的，属于反向修正。模型中 EC（−1）代表修正系数，其数值是 −0.54（中国），−0.51（美国），说明了中美两国 VAR 模型分析结果中，短期内非均衡分别有 54%、51% 在长期得到调整。同时，中国产业结构演进误差修正模型的对数似然函数值（Log Likelihood）为 406.54，数值比较大，同时赤池信息量准则（AIC）和施瓦兹准则（SC）比较小，分别为 −18.33 和 −19.21。美国产业结构演进误差修正模型的对数似然函数值为 374.55，数值也比较大，同时 AIC 和 SC 也比较小，分别为 −19.52 和 −17.44，说明误差修正模型的整体解释能力比较强。通过 ECM 模型，可以保证 VAR 模型分析结果的有效性。

根据以上分析可以认为，基于向量自回归模型的脉冲响应函数分析、基于向量自回归模型的方差分解模型分析以及 Granger 因果关系检验所提出的结论基本上是一致的，这些方法分别从不同的角度解释了中美两国产业结构演进如何受国际贸易额、国际直接投资额、研发投入以及需求因素的影响。基于向量自回归模型的脉冲响应函数分析结果（包括未考虑累积效应与考虑累积效应）主要是从中美两国产业结构演进对各自变量响应大小的角度进行分析；基于向量自回归模型的方差分解模型分析结果则具体测算出了这种响应大小的具体数据；Granger 因果关系从滞后 1 期到滞后 3 期检验了各变量之间因果关系的角度。通过 ECM 模型，可以保证上述分析结果的有效性。

本章在理论分析的基础上，运用 VAR 模型、灰色关联度等方法，对理论分析的结果进行了检验。具体来说，运用灰色关联分析法，分析了需求因素、国际贸易、国际直接投资、研发投入与中美两国产业结构演进的关联度；运用 VAR 模型，分析了需求因素、国际贸易、国际直接投资、研发投入对中美两国产业结构演进的影响，并且对各驱动因素与中美两国产业结构演进关联度以及各驱动因素对中美两国产业结构演进的影响做出了比较。

总之，经验实证分析可以用来验证理论模型分析得出的结论，本章基于中美两国产业结构演进中的相应数据，构建了相应计量模型，以验证理论模型得出的结论。具体来说，通过构建灰色关联分析模型，计算了各驱动因素与中美两国产业结构演进灰色关联度；通过构建 VAR 模型（基于向量自回归模型的脉冲响应函数、基于向量自回归模型的方差分解模型、格兰杰因果关系检验、误差修正模型），分析了各驱动因素对中美两国产业结构演进的影响。因此，经验实证分析是对理论模型分析的验证与补充。至于各驱动因素如何通过技术进步，从而与产业结构演进产生关联以及影响产业结构演进，尚不能运用模型进行具体检验。但是本书在第五章和第六章，以国际贸易与国际直接投资为例，做出了重点论述。

第四节　本章小结

本章运用灰色关联分析法、向量自回归模型实证研究了中美两国产业结构演进的影响因素。运用灰色关联分析法分析的结果表明，中国产业结构演进与国际贸易额的关联度比较大，其次是需求因素、国际直接投资额，关联度最小的是研发投入；美国产业结构演进与研发投入的关联度比较大，其次是需求因素、国际贸易额，关联度最小的是国际直接投资额。

运用向量自回归模型分析（具体包括基于向量自回归模型的脉冲响应函数、方差分解模型分析，Granger 因果关系检验）结果基本一致：中国产业结构演进受国际贸易额的影响比较大，受研发投入的影响比较小；美国产业结构演进受研发投入、需求因素的影响比较大，受国际直接投资额的影响比较小。ECM 模型整体检验结果表明，模型对当期非均衡误差调整的自身修正能力比较强，通过 ECM 模型，可以保证向量自回归模型分析结果的有效性。

第八章 结论与启示

第一节 研究结论

本书从西方产业结构理论和经济全球化发展理论入手，分析了经济全球化背景下中国与美国产业结构的演进历程。在这一过程当中，市场的力量或是说企业实现最大化利润的目标是经济全球化演进的基础性动力，而需求结构、贸易政策、产业政策则是影响产业结构演进的决定性因素。在经济全球化背景下，比较优势、竞争优势、合作优势的形成逐渐决定了生产要素的流向，进而决定了资源配置的范围、方向、结构，从而对中两国美之间的产业结构演进产生了重大影响。经过研究，本书得出以下研究结论：

一、中美两国三次产业演进历程的异同点

总体上看，中国与美国之间三次产业结构的演进趋势大体是一致的，当前美国已进入产业结构演进的高级化阶段，而中国的产业结构则还有待于进一步转型和升级。经过仔细对比和研究两国产业结构的演进规律，不难发现两国产业结构演进之间存在着诸多差异。美国三次产业的演进总体上来看是相对自主和完整的，即美国以农业经济立国，在 1860 年之前第

一产业是美国的支柱产业，但从1860年开始，在农业不断发展的同时，与农业紧密相关的第二产业也开始有了发展，这为第二产业的发展奠定了基础。从1860年到1910年的这一阶段，美国的第二产业得益于工业革命的浪潮，得益于国内市场和国外市场的贸易拓展，得益于以铁路为代表的基础设施的修建，获得了快速的发展。在第二产业快速发展的同时，与第二产业密切相关的第三产业也有了一定的发展，例如早期的批发零售业。战争和经济危机重挫了第二产业的发展却使第三产业有了快速增长的空间，第二次世界大战后初期的美国，第三产业的增加值比重和劳动力分布已超过第二产业，而到了20世纪60年代中后期，以计算机为代表的第三次工业革命的兴起，更进一步加速了第三产业的发展，迅速拉开了其与第一产业和第二产业之间的差距。因此，美国产业结构演进下的第一、第二、第三产业的发展是相对自然而然和环环相扣的，这是美国产业结构演进的重要特征。中国的产业结构演进则是曲折和复杂的，新中国成立初期我国同样是以农业为主，新中国成立后短短20年左右我国便完成了第二产业对第一产业的超越，这更多的是一种国家战略的选择或者说主要是由政府推动的，此后中国虽然并没有引领第三次工业革命的浪潮，但自20世纪90年代开始，随着经济体制逐步转型，我国市场化经济程度不断加深，加之由于经济全球化，我国参与国际贸易的主动性和地位都在持续增加，中国第二产业迎来了快速的发展，同时第三产业也获得了较快发展，特别是与第二产业密切相关的产业。当前批发和零售业在我国第三产业中所占的比重较高就是较好的证明，这也意味着我国产业结构演进进入一个新的阶段。随着经济全球化的推进及第四次工业革命的到来，中国的产业结构将进一步实现优化升级，推动中国经济高质量发展。

二、中美两国三次产业内部结构演进特征及技术进步作用的异同点

从三次产业的内部来看，虽然中美两国对三次产业中具体行业的分类标准略有差异，但两国三次产业内部的主导行业在很大程度上有着一致性，例如，第一产业以种植业为主，第二产业以制造业为主。新时期，中

国第三产业中信息、咨询、旅游、社区服务、科技服务、金融保险、教育、房地产、文化等新兴行业得到了较快发展，美国第三产业中金融、保险、房地产、租赁业发展最为迅速，信息业紧随其后，两国产业结构的转变方向大体上是相同的。反映在技术进步上，中美两国第一产业技术进步都比较明显，都将先进农业科技成果应用到了农业领域；第二产业都是由劳动密集型、资本密集型向技术密集型转变，都是由低附加值的行业向高附加价值的行业转变；第三产业技术进步也比较明显，第三产业内部结构都朝着资本密集型、技术密集或知识密集型行业转变。中美两国均力争处于产业链中的上游，希望自己能够在国际贸易中处于主导地位。因此，中美两国产业结构的内部演进和技术进步，存在着趋同性，存在着相同的追求目标。

不过，本书认为中美产业结构的发展应该"和而不同"，这是由于两者所处的产业阶段不一样。美国经济市场化程度高，经济基础牢固，在国际贸易当中优势地位明显；而中国还处于新型产业结构演进的初期阶段，更应该有清晰明确的产业战略定位目标。基于当前产业结构的现状和自身的资源禀赋条件，我们应当更加积极地参与国际贸易，主动寻求产业结构调整和升级，与此同时加强对新技术的探索。总之，只有抓住甚至引领第四次工业革命的浪潮，并且通过国际贸易、国际直接投资等实现经济发展的良性循环，才有可能推动产业结构升级，推动经济高质量发展。

三、中国的产业结构演进成果与存在的问题

经济全球化对于中美两国产业结构向着更高级方向演进是一次机遇或者浪潮。中国利用自身的资源禀赋条件，以多元、开放、积极的态度加入全球化的竞争中，并借助全球化这一浪潮实现了自身产业结构的优化升级，推动了我国经济的快速增长。不过经济全球化背景之下不仅有机遇，还存在着诸多挑战。中美两国作为世界经济总量前两位的经济体，在产业结构的演进过程中都取得了不错的成绩，但也都存在着一定的问题。在未来，中美两国应切实依据自身的实际条件更好地完成产业结构的调整和升

级，为全球经济的繁荣和发展做出榜样。

（一）中国的产业结构演进成果

中国自改革开放以来在保证国民经济快速增长的基础之上，对国民经济结构做出了积极调整，使得中国的产业结构呈现出高级化和合理化的特征。

从三次产业结构的变动趋势来看，从改革开放初期到 1985 年之间，我国的三次产业结构总体呈现出"二一三"的格局。在此期间中国第二产业所占国民经济的比重始终保持在 40% 以上，而第一产业所占国民经济的比重在 30% 左右，相对而言第三产业所占国民经济的比重最小，这一比重保持在 20% 上下。而在 1985 年之后，"二一三"的传统格局被打破，第三产业开始快速发展，"二三一"的产业格局成为经济发展的常态。第三产业增加值占国民经济的比重总体呈现出缓慢上升趋势，在 1985 年第一次超过了第一产业增加值的比重，达到了 28.7%，并在 1991 年达到 33.7%。在 1992 年至 2005 年间，中国的第二产业以及第三产业均有着相当良好的发展趋势，都以较高的年均增长率发展，并在 2002 年呈现一个加速上升的态势；而相对应的，第一产业一直保持着缓慢上涨的趋势，总体增长幅度远远低于第二和第三产业。2006 年之后，中国第一产业所占比重稳定在 10%，并有逐年下降的趋势；虽然受到国家宏观调控政策的影响，第二产业比重在 2009 年有着短暂的上升，但总体而言，从 2006 年开始第二产业的比重不断下降；相对应的，第三产业的比重在不断上升，并在 2012 年后超过第二产业，且第三产业和第二产业比重差异还有不断扩大的趋势，"三二一"的产业结构布局正式确立起来。

从三次产业就业结构的变动趋势来看，从 1978 年至今，我国三次产业就业结构的变动趋势与其结构的变动趋势基本相同，第一产业就业比重逐年下降，由 1978 年的 70.5%，下降到 2008 年的 39.6%，而且还有继续下降的趋势；二、三产业就业比重均出现上升趋势，如第二产业就业比重由 1978 年的 17.3% 提高到 2008 年的 27.2%，此后保持稳定，第三产业就业比重从 1978 年的 12.2% 提高到 2008 年的 33.2%，而且有继续上升的趋势。

从三次产业劳动生产率的比较来看，总体而言，三次产业整体的劳动生产率呈现上升的趋势。从内部分析来看，在20世纪90年代之后，中国二三产业劳动生产率得到了明显的提升，第一产业劳动生产率最低，且与二三产业的劳动生产率水平不断拉大。

（二）中国产业结构演进中存在的问题

一是三次产业结构比重不均衡，内部结构不合理。2020年，中国的国内生产总值位居世界第二位，是仅次于美国的第二大经济体。虽然按经济总量中国已排名世界第二，但2020年中国三次产业占国内生产总值的比重分别为7.7%：37.8%：54.5%，而2020年美国三次产业占国内生产总值的比重分别为0.81%：17.72%：81.47%，通过对比可以发现，中国第一产业和第二产业增加值比重过高，第三产业增加值比重过低，三次产业结构存在严重的不平衡问题，中国第三产业增加值占GDP的比重不仅远远低于发达国家，也低于世界平均水平。

二是三次产业中就业人员所占比例不均衡。首先，相较于发达国家第一产业就业人员所占比例低于5%的情况，第一产业吸纳的就业人员占我国全部就业人员的比重仍较高，与国外发达国家水平相差极为悬殊，我国第一产业生产效率也较低。其次，随着工业化进程的发展，第二产业吸纳就业的能力持续下降，就业人口的相对数量不断减少。最后，中国第三产业所能吸纳的就业人数还亟待提高。发达国家第三产业吸纳的就业人数普遍超过了80%，而2020年中国这一比例才达到47.7%。

四、美国的产业结构演进成果与存在的问题

（一）美国的产业结构演进成果

美国作为世界第一大经济体，一直保持着经济的高速发展，这得益于美国较为合理的产业结构体系。从三次产业结构的变动趋势来看，在19世纪上半期，农业总增加值在美国整体产业结构中仍然占据相当明显的优

势，美国的三次产业结构总体呈现出"一二三"的格局。到了 1900 年，第二产业正式成为美国的主导产业，美国的三次产业结构转变成"二一三"的格局。在 20 世纪 30 年代到 50 年代，美国的三次产业结构进一步转变成"三二一"的格局。进入 21 世纪之后，第一产业占 GDP 的比重始终稳定在 1% 上下；第二产业呈现先减后增的趋势，到 2008 年稳定在 21% 左右；第三产业呈现先增后减的趋势，到 2008 年稳定在 78% 左右。"三二一"的产业格局受到金融危机影响的冲击，美国等发达国家针对现今全球产业空洞化的局势提出"再工业化"政策，使得其产业结构更加合理，第二产业的科技化程度也有了极大的提高。当前美国从事第一产业的劳动力人口不足 1%，而从事第三产业的劳动力人口接近 90%，美国已步入了服务业高度发达的社会。总之，从美国产业结构演进的历史规律来看，美国的产业结构大体上遵循着配第—克拉克定理，即随着经济的发展和人均收入水平的持续提高，三次产业结构的形态构成从"一二三"变化到"二三一"，再变化到"三二一"，对应的美国经济发展也先后经历了以农业经济、工业经济、服务经济为主导的时代。而在三次产业相继转换的过程中，我们发现美国的产业结构演进有一些共性特点：首先，美国产业结构的演进过程是近乎完整和迅速的，主导产业依次按照农业、轻工业、重工业、传统服务业、现代服务业的路径转变，而轻工业的发展建立于农业的发展之上，重工业的发展建立于轻工业的发展之上，依此类推，每一次的产业结构调整都有基础支撑，并未出现跳跃式的发展；其次，每轮工业革命的爆发都对美国经济有着深远的影响，而经济的发展或者经济的波动又推动着美国三次产业的调整和升级；最后，经济的全球化，主要是指国际贸易与国际直接投资，亦不断推动着美国产业的升级和调整。

（二）美国产业结构演进中存在的问题

近年来，美国政府实施了一系列刺激经济增长的措施，如增加政府支出以及减免税赋等，并对经济结构、产业结构做出了相应的调整和规划，这些政策对产业转型、经济增长的积极作用比较明显，其经济活力也在日益恢复。但是从全局来看，美国所实行的长期经济转型战略结果并非完全理想。

1. 过度消费的局面未能彻底解决

美国过度依赖消费的经济增长模式仍然继续存在着，产业和就业结构的调整速度不如预期。从需求结构的角度来看，自2008年全球金融危机爆发以来，美国个人消费支出占其国内生产总值的比重不仅没有像人们预期的那样下降，相反还有所提升。从私人消费对GDP增长贡献率的角度来看，从2000年开始，美国的这一比例就已经超过了70%。虽然私人消费的比重不断上升，但从家庭消费的角度来看，低收入家庭消费需求不足的情况仍然相当明显，低收入家庭的内在消费动力不断下降。从另一个角度来看，美国居民个人储蓄率与金融危机之前相比有着相当大的提高，但是仍然没能改变居民个人储蓄率偏低的局面。2008年，美国居民个人储蓄率由2007年的2.4%上升至5.4%，但是在2009年之后美国居民个人储蓄率的上升趋势有所减慢。过多的私人消费会影响美国经济结构的调整，但私人消费的减少也会影响美国经济的复苏，美国在经济复苏和结构调整中处于两难困境。

2. "再工业化"战略未及预期

从重振制造业的角度来看，"再工业化"战略也远远未达到预期。虽然在"再工业化"政策的影响之下，美国制造业增加值不断增大，但制造业增加值占美国国内生产总值的比重却有不断下降的趋势。从出口的角度来看，与工业材料和农业领域相比，制造业的出口增长速度比较缓慢，自2006年开始，美国制成品出口额占出口总额的比重呈现出下降的趋势。从制造业内部结构的角度来看，美国制造业内部结构变化不明显，新兴科技型先进制造产业还未形成规模。而从劳动密集型产业的角度来看，受到劳动力成本、环保成本等过高的影响，美国制造业还难以与新兴经济体相抗衡。

3. 就业结构调整速度缓慢

从就业的角度来看，美国的失业率得到了很好的控制，就业岗位也得到一定的增加，但从美国就业具体结构上看，美国私营部门所能提供的就业岗位相较于金融危机之前仍然过少，政府部门所能提供工作岗位的增加仍然是改善就业状况的主要途径之一。就具体的就业岗位而言，商业服务、政府就业、教育医疗以及休闲娱乐业就业岗位增长速度快于制造业就业岗位增长速度，这也反映了美国就业结构的调整相对较为缓慢。

五、国际贸易对中美两国产业结构演进影响的比较结果

不难发现，经济全球化对于中美两国产业结构的影响意义重大，经济全球化不仅有力地推动了两国经济总量的上升，还进一步促进了两国产业结构的优化，而反过来产业结构的优化又进一步促进了经济的增长。尽管当前美国的产业结构中第三产业占比较第一和第二产业要高很多，但从其对外贸易的结构上来说，货物贸易仍然占据着绝对的优势，这与中国的情况相类似，不过美国的服务贸易与货物贸易的比值相对较为均衡，美国的服务贸易要比中国的服务贸易发达。

从当前中国进出口产品的主要构成来看，中国国际贸易的货物以机械及运输设备为主，而这一类项目一般都归结在第二产业中的制造业中，因此在国际货物的贸易中，中国制造对世界货物贸易产生着重要影响，这也反映出中国工业领域技术水平的不断提高。与此同时，通过国际贸易，中国从其他国家或地区不断进口先进的设备技术，有效地提高了中国工业领域的水平，进而推动了第二产业内部的升级调整，当前来看国际贸易与中国制造之间的良性循环互动效果明显。美国的进出口货物贸易中，除汽车以外的资本品、工业用品和材料占比较高，但是，由于中美两国货物贸易数据来源口径有着较大的差别，无法具体区分两国货物贸易中技术进步的差别。

服务贸易方面，中美两国对运输服务、旅游服务的进出口，不仅有利于进一步提升这些行业的技术水平，也有利于学习对方服务行业先进的管理经验，以提高本国服务企业自身的经营效率，更有利于促进中美两国产业结构的演进。

六、国际直接投资（FDI）对中美产业结构演进影响的比较结果

从国际直接投资的规模上来看，美国国际直接投资的规模要远远超过中国。从产业结构的角度来看，国际直接投资美国第三产业的规模比第二产业要高，这与中国当前国际直接投资的结构基本相同。不过美国国际直接投资第三产业的规模早已超过了第二产业，而中国第三产业利用国际直接投资的规模只是最近几年才超过第二产业。第三产业吸引国际直接投资的比例越高，越有利于提升第三产业技术水平，也越有利于促进产业结构的合理演进。显然，从第三产业利用国际直接投资规模来看，美国第三产业利用国际直接投资规模要高，有利于其第三产业技术水平的提高和产业结构的合理演进。

第二节　启　　示

一、产业结构调整和升级要具有针对性

中美两国经济发展和产业结构调整升级路径不同，所处的阶段也不相同，因此产业结构的调整优化要有针对性。对于我国的三次产业结构调整升级应该选择有针对性的路径。要着力巩固第一产业的基础地位，保证粮食的安全，进一步优化农业结构，在坚持产量、质量、结构和效率相统一的基础上，继续推进科教兴农战略，实施乡村振兴战略；深化第二产业作为我国经济增长的主导产业，改造升级传统产业，淘汰落后、污染的产业，重视和鼓励中小科技型企业的发展；更加突出地发展生产性服务业、高技术含量和高附加值的新兴服务业等。

（一）现代服务业和现代制造业为产业调整的重点

今后我国产业结构优化和升级的主要方向应该是以高新技术产业为驱动力、以现代服务业和现代制造业为发展的两个车轮，带动产业结构的整体升级。要更好地实现中国产业结构的调整以及升级，促进现代服务业的发展，特别是发展具有高科技含量以及高劳动生产率的现代服务业，是产业结构调整工作的重中之重，应进一步使其成为促进产业结构优化升级以及经济增长的重要动力；大力发展生产性服务业，使其作为商品生产的中间投入以及需求媒介能够充分发挥带动相关产业全面发展的作用；以科技、会计、金融、法律、咨询以及信息等现代服务业为今后产业结构调整过程中发展的重点，全面提升服务业的整体水平，对于发展潜力较大的物业管理、社区服务、文化体育、教育培训以及房地产等新经济增长点要积极推进其发展；进一步提高劳动密集型产业的技术含量，努力形成自主品牌，提升其附加值；对于资本密集型及技术密集型的产业而言，由于现阶段高新技术产业发展基础较为薄弱，政府需要通过制定相关政策进行指引，支持自主创新，不断提高中国服务业和制造业的国际竞争力；对国际竞争力有着重要影响的战略性产业（例如核心电子器件、高端通用芯片、基础软件产品、航空航天、新能源和新材料以及生物技术等）不仅需要政府政策的引导，为了更快抢占全球市场，还需要国家的直接投入。

（二）建立化解过剩产能的长效机制

目前，影响中国产业结构调整最为严重的问题就是产能过剩。其产生原因在于：一是一些地方政府为提升业绩，增加招商引资，出台各种减免企业所得税的税收优惠政策，使得相当多的落后产能企业迁移到该地，虽然增加了当前政绩，却为以后的调整带来极大的不便。二是中国产业结构整体集中度较低，且退出的渠道不够通畅。纵览我国产能过剩的行业，这些行业普遍存在着产业集中度低、企业规模较小等问题。这些企业相互之间存在着恶性竞争，导致"优不胜劣不汰"，产业结构难以得到调整和升级；企业的抗压能力较低，受到压力之后退出的渠道也不畅通；企业融资成本过高、权证过户、登记变更以及资产清算等环节相当繁琐，跨区域的兼并以及重组难度大，安置失业职工的问题较多。

为了建立化解过剩产能的长效机制，政府应当建立起公平的市场环境，在各地实施有差别的政策待遇，充分让市场来决定要素的价格；简政放权，减少不必要的审批程序，坚决不允许过剩产业新增产能，有弹性地把握好行政审批的力度，建立起事中事后的问责制度；严格执行国家环保标准，对于违规项目坚决取缔，产能置换必须坚持等量或减量原则；积极鼓励和引导产能过剩行业中企业的兼并和重组，为产能过剩企业的退出建立起一个完善且有效的退出机制；拓展企业融资的渠道，允许相关企业依靠不同方式（发行股票、非公开定向债务融资工具、中期票据、短期融资券等非金融企业债务融资工具）进行融资来实行兼并重组，进一步打破不同所有制企业相互之间实行兼并重组所面临的障碍，进一步深化国有企业改革，以此为契机大力发展混合所有制经济；实行以人为本的政策思路，为兼并重组后的失业人员提供完善的保障机制，充分发挥失业保险基金所具有的避险功能，加强对兼并重组后失业人员的再就业服务。

二、积极发展对外贸易，助力产业结构向高级化演进

（一）扩大出口，提升工业化力度

中国应该抓住目前人民币对美元相对弱势的机会，来刺激出口的增长，进一步提高中国的出口竞争力，为产业结构升级提供充足的外部动力。除此之外，还应进一步提升国内制造业等实体经济部门的实力，以实现实体经济与虚拟经济的再平衡，还要与扩大出口政策相辅相成，以缓解在进出口方面存在的困局，实现产业结构升级的平稳过渡。还应强调政策调节的作用，特别是在当前中美经贸摩擦以及国际上新出现的一些"逆全球化"现象下，政府采取积极措施对经济活动进行干预，对于稳定经济有着关键的作用。政府还应该为银行债务提供担保、扩大其存款保险以及对

部分银行进行国有化，来缓解金融系统的风险。政府也可以通过加大对绿色产业等新兴产业的政策支持力度来对整体产业结构的调整以及升级做出正确的引导。

（二）深入推进供给侧结构性改革，以技术创新驱动产业结构升级

当前中国经济发展的内部结构再一次迎来了调整窗口。中国政府高度重视国民经济的企稳向好，在继续强调需求管理和引导的基础之上，更加注重供给侧的调整和升级，提出了"三去一降一补"的重要战略方针，即"去产能、去库存、去杠杆、降成本、补短板"五大任务。习近平总书记也强调，产业结构优化升级是提高我国经济综合竞争力的关键举措。① 如果说世界经济是一个"大舞台"，那么世界市场同时也是一个"大蛋糕"，如何才能在国际竞争中获取优势地位，是每个国家都必须思考的重要问题。中国应注重与世界各国进行技术交流，及时进行供给侧结构性改革，最终实现经济增长动力转换的无缝对接，实现产业结构的调整和升级，实现国民经济向着又好又快的方向发展。除此之外，中国行业变革的速率越来越快，以高铁、支付宝、共享单车、互联网消费为代表的新兴行业正在快速崛起，相关部门需要不断引导这些行业的发展，推动国内的产业结构进一步调整、优化、升级，最终促使我国的综合竞争实力不断提升。

三、合理利用国际直接投资，加快产业结构转型升级

（一）防止过分依赖投资或消费的产业结构模式

2008 年爆发的全球性金融危机无论是对中国还是对美国都产生了巨大的冲击，危机的产生有其外部的因素，但其更是内部经济失衡所带来的经济脆弱性的体现。受到历史和文化的影响，长久以来美国经济被消费主义

———————
① 2015 年 5 月 27 日，习近平在浙江召开华东七省市党委主要负责同志座谈会讲话时强调。

文化所界定。2008年金融危机爆发后，美国个人消费支出在国内生产总值中所占的比重还有所上升。2007年美国个人消费支出占其国内生产总值的比重是69.7%，但是到2011年这一比例提升至71.1%，在短短4年的时间里提升了1.4个百分点，这意味着美国的经济增长对于私人消费的依赖程度不断加深。而与此相反的是中国产业结构在调整和升级的过程中很大程度上受到政府的影响，政府实行各种税收优惠政策来吸引投资，再加上受到中国传统文化的影响，中国的产业发展更多地依赖投资。而不论是依赖投资还是依赖消费，这种产业结构都具有一定的脆弱性，难以抵御突如其来的外部需求紧缩等诱发的连锁冲击。在产业结构的调整过程中，应在出口、外资、外汇储备等结构配置方面本着多元化、差异化和合理化的原则进行多方面努力。因此，既要积极合理利用国际直接投资，也要减少对国际直接投资的依赖，以更好地推动我国产业结构转型升级。

（二）加强金融监管，提高风险意识和抗击风险的能力

经济危机是市场失灵和政府失灵的结果，2008年金融危机的爆发，表明了西方国家所信奉的"市场原教旨主义"日渐失灵。应当吸取美国的经验教训，在政府调节与市场调节之间找到最佳的平衡点，努力做到防患于未然。在金融领域着重构建应对外部经济冲击的预警和监控机制，包括：提高金融机构的资本准备金比例，对跨国投资的规模、流向等实施更加严格的监管，推动全球金融监管的协调工作。

（三）努力夯实经济增长的基础

产业结构的调整和升级不是无本之木，无源之水，需要得到国内经济基础的支持。中国在1978~2020年间保持着年均近9%的高速发展速度，但是在经济高速发展、房地产市场发展繁荣以及股票市场高速发展的背后，经济基础的薄弱仍然值得警惕。我国应该努力夯实经济增长的基础，在积极投资这些领域建设的同时，大力鼓励外商直接投资流向这些领域，为我国产业结构调整、经济发展提供更加良好的经济基础。

四、鼓励和支持科技创新

（一）提升自主创新能力

科技创新在应对全球金融危机、经济结构调整以及产业结构升级等问题中发挥着非常重要的作用。而在国际竞争压力日益加剧的今天，中国要更加重视提升自主创新的能力，坚持创新驱动战略。美国政府不断强调科技创新是促进产业结构调整和升级的关键措施，并计划把扶持科技创新作为促进产业结构调整和升级的重中之重，努力增加对研究机构以及相关企业科技研发的投入。近些年来，美国政府还进一步加大了对普通企业技术研发支出的税收减免力度。

增强自主创新能力，降低对外需的依赖。战略性新兴产业的战略意义在于依托新兴技术推动经济向高质量发展转型。中美之间的经贸摩擦在某种程度上也推动了我国各产业内部结构以及各产业之间的调整与升级。国内制造企业应改进生产经营，提高产品质量，为行业提供创新的动力。

鼓励企业与高等院校紧密合作，同时与国外科研机构进行相关技术交流。人力资本是中国经济发展的重要资源之一，政府应创造公平教育以及就业的机会，营造出对人才培养有利的社会环境，充分发挥人才的积极性。

（二）加大推进对绿色能源等高新技术产业的支持

在全球气候问题不断受到各国政府关注的背景下，低碳经济和绿色经济被认为是全球产业结构调整的新方向。在低碳经济和绿色经济逐渐被广大群众接受的契机之下，发展低碳经济和绿色经济，提升绿色能源的使用效率，转变产业结构模式，创造出新的经济增长点，扩大其在产业和技术上的竞争优势，将是未来我国产业结构升级的重点。除了新能源领域之外，信息、生物以及航空航天等产业也应成为政府进行产业结构调整和升级重点发展的领域。

总之，产业结构问题不仅关乎经济增长的持续与否，更关系着居民生活水平和生活质量的高低，科学合理的产业结构影响着一国经济社会发展的方方面面。而经济发展、经济危机、科技革命同样会反过来作用于产业结构。纵观产业结构演进的历史，其实就是行业革命的历史，这一点从美国的产业结构演进和工业革命的关系中更加能够体现出来，美国产业结构的演进几乎都是行业革命所推动的。此外，中美两国之间的产业结构演进从总体趋势上有相似性。不过我们更应该看到的是中国和美国产业结构之间的差异和差距，美国经济市场化程度高，经济基础牢固，在国际贸易当中优势地位明显；而中国还处于新型产业结构演进的初期阶段，还面临着很多复杂的经济问题、社会问题、环境问题，中国产业结构的升级不能"矫枉过正"，更不能期望"弯道超车"或"一蹴而就"，只能根据自身的资源禀赋和所面临的环境特点做出决策。而影响产业结构的因素有很多，需要从多方面共同推进产业结构的升级和优化，要增强技术创新，扩大对外开放，引导行业升级优化并在这个过程中不断调整，这是我国未来产业结构升级的重要思路。因此，我们更应该拥有清晰明确的产业战略定位目标，基于当前产业结构的现状和自身的资源禀赋条件，更加积极地增强对新技术的探索，更加主动地扩大对外开放，参与国际贸易与国际竞争，逐渐引导和促成产业结构的调整和升级。当前以人工智能、大数据、云技术、共享经济为代表的第四次工业革命已悄然兴起，中国应抓住第四次工业革命的浪潮，甚至引领第四次工业革命的浪潮，实现产业结构的进一步转型和优化，并通过国际贸易实现经济发展的良性循环。

第三节　不足之处与未来研究展望

一、不足之处

由于研究水平的限制，本书还存在着诸多不足，首先是国与国的比较研究存在较大难度，因为不同的国家资源禀赋、历史发展进程以及政治、文化、宗教等都存在着较大的差异，其国民的消费偏好同样存在着差异，这些因素均会影响其产业结构的布局和演进；其次表现在由于数据获取的限制，部分章节中数据的开始节点未能统一，致使本书部分研究未能深入；最后是两国产业结构统计口径存在着不一致，造成了部分动态研究时间跨度较小且研究不深入，数据可比性相对较差。

二、未来研究展望

科学技术的不断发展进步，将促进产业结构的调整升级，同时也将促进全球化的深入发展，国际贸易与国际直接投资将对国际产业分工进行再调整，这势必将促进世界经济理论的发展，产业结构演进理论也将随之发展。随着统计数据的不断完善，作者将继续对中美两国产业结构演进及其驱动因素影响进行深入研究，尤其是通过研究国际贸易和国际直接投资来弥补技术进步的缺口，从而探究其中的规律，深化对产业结构演进的认识，为产业结构演进理论的研究做出努力。

主要参考文献

一、中文

[1] 安同信, 刘祥霞. 利用外商直接投资加快中国产业结构优化升级的路径研究: 基于日本经验的比较 [J]. 理论学刊, 2014 (11): 72 - 78.

[2] 边恕. 日本产业结构演进的实证分析 [J]. 日本研究, 2003 (01): 29 - 35.

[3] 陈宝森. 美国经济与政府政策 [M]. 北京: 世界知识出版社, 1988.

[4] 程伟. 经济全球化与经济转轨互动研究 [M]. 北京: 商务印书馆, 2005.

[5] 次贷风波研究课题组. 次贷风波启示录 [M]. 北京: 机械工业出版社, 2008.

[6] 崔焕金, 刘传庚. 全球价值链驱动型产业结构演进机理研究 [J]. 经济学家, 2012 (10): 88 - 96.

[7] 戴伯勋, 沈宏达. 现代产业经济学 [M]. 北京: 经济管理出版社, 2001.

[8] 干春晖, 郑若谷. 改革开放以来产业结构演进与生产率增长研究: 对中国 1978 ~ 2007 年 "结构红利假说" 的检验 [J]. 中国工业经济, 2009 (02): 55 - 65.

[9] 干春晖, 郑若谷, 余典范. 中国产业结构变迁对经济增长和波动的影响 [J]. 经济研究, 2011 (05): 4 - 16.

[10] 高敬海, 綦尤礼. 产业结构划分的比较研究 [J]. 财经科学,

1986 (04)：78 - 81.

[11] 高煜，刘志彪. 我国产业结构演进特征及现实问题：1978～2006 [J]. 改革，2008 (01)：73 - 79.

[12] 龚慧峰. 八十年代美国产业结构调整的特点与前景 [J]. 世界经济，1985 (12)：15 - 20.

[13] 郭克莎. 第三产业的结构优化与高效发展（上）[J]. 财贸经济，2000 (10)：51 - 56.

[14] 郭克莎. 对中国外贸战略与贸易政策的评论 [J]. 国际经济评论，2003 (05)：31 - 34.

[15] 郭克莎. 工业化新时期新兴主导产业的选择 [J]. 中国工业经济，2003 (02)：5 - 14.

[16] 郭克莎. 中国工业发展战略及政策的选择 [J]. 中国社会科学，2004 (01)：30 - 41.

[17] 国际货币基金组织. 世界经济展望 [R]. 北京：中国金融出版社，1997.

[18] 韩刚. FDI 对我国产业内结构优化和产业间结构升级的影响分析 [J]. 特区经济，2009 (03)：225 - 226.

[19] 侯彩侠. 次贷危机的概念与成因分析 [J]. 中国科技语，2008 (5)，47 - 49.

[20] 黄苏. 战后美国产业结构变化的主要趋势 [J]. 世界经济，1986 (06)：75 - 79.

[21] 姬沈育. 优化产业结构的对外贸易分析 [J]. 经济经纬，2001 (02)：59 - 62.

[22] 加里·M. 沃尔顿，休·罗考夫. 美国经济史 [M]. 王珏，等译. 北京：中国人民大学出版社，2013，130 - 135.

[23] 景跃军. 美国、日本经济增长方式转变比较及启示 [J]. 人口学刊，2004 (02)：8 - 12.

[24] 景跃军，沈诗杰. 美国第二产业内部结构演变趋势及经济效应研究 [J]. 人口学刊，2005 (05)：20 - 25.

[25] 景跃军, 王晓峰. 美国三次产业结构现状及未来趋势变动分析 [J]. 东北亚论坛, 2006 (01): 111 - 115.

[26] 景跃军. 战后美国产业结构演变研究 [D]. 长春: 吉林大学, 2004.

[27] 李长明. 产业结构与宏观调控 [J]. 数量经济技术经济研究, 1994 (12): 27 - 39.

[28] 李杰. 产业结构演进的一般规律及国际经验比较 [J]. 经济问题, 2009 (06): 31 - 34.

[29] 李京文. 中国产业结构的变化与发展趋势 [J]. 当代财经, 1998 (05): 12 - 21.

[30] 李骏阳. 美国工业化起讫时间的探讨 [J]. 兰州大学学报, 1982 (04): 123 - 131.

[31] 李凯. 我国第二产业发展及投资结构现状分析 [J]. 特区经济, 2012 (05): 247 - 249.

[32] 李廉水. 中国制造业发展研究报告 [R]. 北京: 科学出版社, 2013.

[33] 李曙光. 中国和俄罗斯产业结构演进比较分析 [D]. 沈阳: 辽宁大学, 2012.

[34] 李文溥, 陈永杰. 经济全球化下的产业结构演进趋势与政策 [J]. 经济学家, 2003 (01): 50 - 56.

[35] 李小玉, 郭文. 基于面板数据的中部地区产业结构与城乡收入差距关系的实证研究 [J]. 企业经济, 2011, 30 (12): 136 - 141.

[36] 李悦, 李平. 产业经济学 [M]. 大连: 东北财经大学出版社, 2002.

[37] 梁金红. 美国次贷危机对全球经济的影响研究 [D]. 长春: 吉林大学, 2009.

[38] 林浣芬. 我国计划经济体制的基本形成及其历史特点 [J]. 党的文献, 1995 (02): 38 - 43.

[39] 林毅夫, 陈斌开. 发展战略、产业结构与收入分配 [J]. 经济

学（季刊），2013，12（04）：1109 – 1140．

[40] 林毅夫，章奇，刘明兴．金融结构与经济增长：以制造业为例 [J]．世界经济，2003（01）：3 – 21．

[41] 刘春玉，杨惠馨．产业集聚与经济增长的"后向连接"效应分析 [J]．理论学刊，2005（10）：49 – 50．

[42] 刘伟，李绍荣．产业结构与经济增长 [J]．中国工业经济，2002（05）：14 – 21．

[43] 刘伟，张辉．中国经济增长中的产业结构变迁和技术进步 [J]．经济研究，2008（11）：4 – 15．

[44] 陆宁．国际竞争环境的变化与中国产业结构调整 [J]．北京科技大学学报（社会科学版），1999（03）：17 – 22．

[45] 吕有晨．战后日本产业结构的变化和特点 [J]．世界经济，1980（05）：57 – 63．

[46] 罗德明．中国经济的运行与发展 [M]．北京：社会科学文献出版社，1995．

[47] 马丹．美国对外贸易体制研究 [M]．北京：中国经济出版社，2009．

[48] 马建堂．周期波动与结构变动：经济周期影响产业结构的机制初探 [J]．经济研究，1988（06）：65 – 73．

[49] 马克思，恩格斯．马克思恩格斯全集 [M]．北京：人民出版社，1995．

[50] 马克思．资本论 [M]．北京：人民出版社，1995．

[51] 齐洪等编著．世界主要资本主义国家工业化过程简述 [M]．北京：统计出版社，1955．

[52] 乔纳斯·修森，路易斯·凯恩．美国经济史 [M]．邱晓燕，邢露，等译．北京：北京大学出版社，2011．

[53] 乔晓楠，张欣．美国产业结构变迁及其启示：反思配第—克拉克定律 [J]．高校理论战线，2012（12）：32 – 42．

[54] 尚鸿．80年代前后美国产业结构的调整及其影响 [J]．国外社

会科学情况，1997（01）：8－11.

[55] 沈正平. 优化产业结构与提升城镇化质量的互动机制及实现途径 [J]. 城市发展研究，2013，20（05）：70－75.

[56] 宋小芬. 产业结构演进的一般性与多样性 [D]. 广州：暨南大学，2008.

[57] 苏东水. 产业经济学 [M]. 北京：高等教育出版社，2000.

[58] 孙新雷. 产业结构演进理论思考 [J]. 上海经济研究，1994（07）：47－48.

[59] 汤斌. 产业结构演进的理论与实证分析 [D]. 成都：西南财经大学，2005.

[60] 唐珂. 美国农业 [M]. 北京：中国农业出版社，2015.

[61] 汪海波. 对新中国产业结构演进的历史考察：兼及产业结构调整的对策思考 [J]. 中共党史研究，2010（06）：27－36.

[62] 汪行，范中启. 技术进步、产业结构与能源强度关系研究：基于 VAR 模型的分析 [J]. 数学的实践与认识，2017（8）：66－70.

[63] 王立新. 经济增长、产业结构与城镇化：基于省级面板数据的实证研究 [J]. 财经论丛，2014（04）：3－8.

[64] 王丽萍. 试析国际贸易对产业结构成长的影响 [J]. 扬州大学学报（人文社会科学版），2000（05）：73－76.

[65] 王孝松. 美国对华贸易政策的决策机制和形成因素 [M] 北京：北京大学出版社，2011.

[66] 王展祥. 中国产业结构演进与经济增长关系研究 [J]. 当代经济研究，2010（04）：41－45.

[67] 魏作磊. FDI 对我国三次产业结构演变的影响：兼论我国服务业增加值比重偏低现象 [J]. 经济学家，2006（03）：61－67.

[68] 魏作磊. 对第三产业发展带动我国就业的实证分析 [J]. 财贸经济，2004（03）：80－85.

[69] 魏作磊. 美国第三产业内部结构的演变规律 [J]. 改革，2003（04）：117－121.

[70] 吴进红. 开放经济与产业结构升级 [M]. 北京：社科文献出版社，2007.

[71] 吴仁洪，程晓农. 我国产业结构的演变及其面临的转折 [J]. 中国工业经济研究，1987（02）：25 – 31.

[72] 吴仁洪. 经济发展与产业结构转变：兼论我国经济当前的发展阶段及其使命 [J]. 经济研究，1987（10）：31 – 38.

[73] 吴志鹏，方伟珠，陈时兴. 经济全球化理论流派回顾与评价 [J]. 世界经济研究，2003（01）：29 – 33.

[74] 伍海华，张旭. 经济增长·产业结构·金融发展 [J]. 经济理论与经济管理，2001（05）：11 – 16.

[75] 项弘毅. 二战后美日产业结构演进的启示 [J]. 财政科学，2016（03）：76 – 84.

[76] 谢无忌. 印度尼西亚的工业化进展和对外贸易结构的变化 [J]. 南洋资料译丛，1979（03）：77 – 86.

[77] 徐彩晶. 日本产业结构演进与调整战略研究 [D]. 长春：吉林大学，2005.

[78] 徐建伟，葛岳静，胡志丁. 比较优势、国际分工与发展战略 [J]. 经济地理，2012，32（05）：16 – 22.

[79] 杨治. 产业经济学导论 [M]. 北京：中国人民大学出版社，1995.

[80] 姚华，宋建. 中国金融发展与产业结构升级协整关系的多指标交叉检验 [J/OL]. 湖南大学学报（社会科学版），2016，30（01）：76 – 82.

[81] 尹小平，王海旭. 日本产业结构演进路径及启示 [J]. 学习与探索，2012（02）：116 – 118.

[82] 于立新，冯永晟. 中国服务贸易研究报告 [R]. 北京：经济管理出版社，2011.

[83] 于永臻. 美国次贷危机对中国经济的影响不容忽视 [N]. 学习时报，2008 – 8 – 12.

[84] 于泽，章潇萌，刘凤良．中国产业结构升级内生动力：需求还是供给 [J]．经济理论与经济管理，2014（03）：25 – 35.

[85] 余燕春．美国产业结构演变分析 [J]．当代财经，1999（02）：50 – 51.

[86] 原毅军．产业结构的变动与优化：理论解释和定量分析 [M]．大连：大连理工大学出版社，2008.

[87] 曾蓓，崔焕金．中国产业结构演进缘何偏离国际经验：基于全球价值链分工的解释 [J]．财贸研究，2011（05）：18 – 27.

[88] 詹姆斯，布罗克．美国产业结构 [M]．封新建，贾毓玲，等译．北京：中国人民大学出版社，2003.

[89] 张宝珍．经济全球化需要研究的十大问题 [J]．世界经济，1998（09）：27 – 31.

[90] 张长征，吉星．技术进步率对产业结构调整影响的实证检验 [J]．统计与决策，2018（6）：136 – 139.

[91] 张辉，丁匡达．美国产业结构、全要素生产率与经济增长关系研究：1975 ~ 2011 [J]．经济学动态，2013（07）：140 – 148.

[92] 张捷，张媛媛，莫扬．对外贸易对中国产业结构向服务化演进的影响：基于制造—服务国际分工形态的视角 [J]．财经研究，2013（06）：16 – 27.

[93] 张平，王树华．产业结构理论与政策 [M]．武汉：武汉大学出版社，2009.

[94] 张毅，张颂颂．中国农村工业化与国家工业化 [M]．北京：中国农业出版社，2002.

[95] 赵芳菲，秦颖．基于 VAR 模型技术进步、产业结构与能耗强度关系研究 [J]．中小企业管理与科技，2018（7）：193 – 196.

[96] 赵嘉，唐家龙．美国产业结构演进与现代产业体系发展及其对中国的启示：基于美国 1947 – 2009 年经济数据的考察 [J]．科学学与科学技术管理，2012（01）：141 – 147.

[97] 甄炳禧．美国次贷危机及其影响 [J]．亚非纵横，2008（2）：

12 - 18.

[98] 中国信息通信研究院主编 . 2015 年中国工业发展报告 [R]. 北京：人民邮电出版社，2015.

[99] 钟勇 . 产业结构演进机理研究 [D]. 北京：中国人民大学，2004.

[100] 周冯琦 . 中国产业结构调整的关键因素 [M]. 上海：上海人民出版社，2003.

[101] 周建安 . 我国产业结构演进的生态发展路径选择 [D]. 广州：暨南大学，2007.

[102] 周振华 . 产业结构演进的一般动因分析 [J]. 财经科学，1990 (03)：1 - 6.

二、英文

[1] Adner, R., D. Leninthal. Demand Heterogeneity and Technology Evolution: Implications for Product and Process Innovation [J]. Management Science, 2001, 47, 611 - 628.

[2] Aitken, Brian, J. and Ann E., Harrison. Do Domestic Firms Benefit from Foreign Direct Investment? Evidence from Panel Data, Mimeo Columbia University, 1997.

[3] Amiti, M., Beata S. Javorcik. Trade Costs and Location of Foreign Firms in China [J]. Journal of Development Economics, 2008, 85, 129 - 149.

[4] Andrea Fosfuri, Massimo Motta, Thomas Ronda. Foreign Direct Investment and Spillovers through Workers' Mobility [J]. Journal of International Economics, 2001, 53.

[5] Aoki, M., Yoshikawa H. Demand Saturation - Creation and Economic Growth [J]. Journal of Economic Behavior & Organization, 2002, 48, 127 - 154.

[6] Arndt, Sven W. Globalization and the Open Economy [J]. North American Journal of Economics & Finance, 10629408, 1997, Vol. 8, Issue 1.

［7］ Bair, J., G. Gereffi. Local Clusters in Global Chains: The Cause and Consequences of Export Dynamism in Terreon's Blue Jeans Industry ［J］. World Development, 2001, 29 (11): 1885 – 1903.

［8］ Baizhu Chen, Yi Feng. Openness and Trade Policy in China: An Industrial Analysis ［J］. China Economic Review, 2000, 11: 323 – 341.

［9］ Baranson, J. Technology Transfer through the International Firm ［J］. American Economic Review, 1975, 60.

［10］ Baumol W. J. The Free – Market Innovation Machine: Analysing the Growth Miracle of Capitalism ［M］. New Jersey: Princeton University Press, 2002.

［11］ Benhabib J., M. Spiegel. Human Capital and Technology Diffusion. Handbook of Economic Growth, 2005, 1: 935 – 966.

［12］ Binswanger, H. P. A Microeconomic Approach to Induced Innovation ［J］. Economic Journal, 194, 84: 940 – 958.

［13］ Bonaccorsi, Andtea. On the Relationship between Firm Size and Export Intensity ［J］. Journal of International Business Studies, 1992, 23.

［14］ Brainard, S. L., A Simple Theory of Multinational Corporations and Trade with a Trade-off between Proximity and Concentration. NBER Working Paper, 1993: 4269.

［15］ C. Clark. The Conditions of Economic Progress ［M］. Macmillian, 3th edition, 1957.

［16］ Cheneiy H B. Patterns of Industrial Growth ［J］. The American Economic Review, 1960 (4).

［17］ Harris J R, Todaro M P. Migration, Unemployment and Development: A Two-sector Analysis ［J］. The American Economic Review, 1970, 60 (1): 126 – 142.

［18］ Hartwig J. Productivity Growth in Service Industries: Has 'Baumol's Disease' Really been Cured? ［J］. KOF Working Paper, 2006, 155.

［19］ Hartwig J. Testing the Baumol – Nordhaus Model with EU KLEMS

Data ［J］. Review of Income and Wealth, 2011, 57 (3): 471 – 489.

［20］ Hartwig J. What Drives Health Care Expenditure?: Baumol's Model of 'Unbalanced Growth' Revisited ［J］. Journal of Health Economics, 2008, 27 (3): 603 – 623.

［21］ Hirschman A O. The Strategy of Economic Development ［M］. New Haven: Yale University Press, 1958.

［22］ Hoffmann W G. The Growth of Industrial Economies ［M］. Manchester: Manchester University Press, 1958.

［23］ Hotelling H. Review of the Triumph of Mediocrity in Business, by Horace Secrist ［J］. Journal of the American Statistical Association, 1933, 28 (184): 463 – 465.

［24］ Howitt P. Endogenous Growth and Cross-country Income Differences ［J］. American Economic Review, 2000, 90 (4): 829 – 846.

［25］ Howitt P, Mayer – Foulkes D. R/D, Implementation, and Stagnation: A Schumpeterian Theory of Convergence Clubs ［J］. Journal of Money, Credit, and Banking, 2005, 37 (1): 147 – 177.

［26］ Hsieh, C., P. Klenow. Development Accounting ［J］. American Economic Journal: Macroeconomics, American Economic Association, 2010, 2 (1), 207 – 223.

［27］ Hume D. Of Money ［J］. Essays, London: George Routledge and Sons, 1752.

［28］ Islam N. Growth Empirics: A Panel Data Approach ［J］. The Quarterly Journal of Economics, 1995, 110 (4): 1127 – 1170.

［29］ Islam N. What have We Learnt from the Convergence Debate? ［J］. Journal of Economic Surveys, 2003, 17 (3): 309 – 362.

［30］ Jorgenson D W, Gollop F M, Fraumeni B M. Productivity and U. S. Economic Growth ［M］. New York: New York press, 1987.

［31］ Jorgenson D W. The Development of a Dual Economy ［J］. The Economic Journal, 1961, 71 (282): 309 – 334.

[32] Judson, R. Measuring Human Capital Like Physical Capital: What Does It Tell Us? [J]. Bulletin of Economic Research, 2002, 54 (3), 209 – 231.

[33] Kao C H C, Anschel K R, Eicher C K. Disguised Unemployment in Agriculture: A Survey [J]. Agriculture in Economic Development, Mc Graw – Hill, New York, 1964: 129 – 144.

[34] Kendrick J W. Productivity Trends in the United States [M]. Princeton: Princeton University Press, 1961.

[35] Kennedy K A. Productivity and Industrial Growth: The Irish Experience [M]. Oxford: Oxford University Press, 1973.

[36] Krueger, A. The Digital Divide in Educating African – American Students and Workers. Princeton University, Department of Economics, Industrial Relations Section, Working Papers, 2000: 813.

[37] Krugman P. The Move Toward Free Trade Zones [J]. Economic Review, 1991, 76 (6): 5.

[38] Kuznets S. Economic Growth of Nations: Total Output and Production Structure [M]. Cambridge, MA: Harvard University Press, 1971.

[39] Kuznets S. Modern Economic Growth: Findings and Reflections [J]. The American Economic Review, 1973, 63 (3): 247 – 258.

[40] Kuznets S. Modern Economic Growth [M]. New Haven: Yale University Press, 1966.

[41] Kuznets S. Quantitative Aspects of the Economic Growth of Nations: VI. Long-term Trends in Capital Formation Proportions [J]. Economic Development and Cultural Change, 1961, 9 (4): 1 – 124.

[42] Kuznets S. Supplementary Memoranda – On Comparative Study of Economic Structure and Growth of Nations [A]. in: The Comparative Study of Economic Growth and Structure. NBER, 1959: 162 – 176.

[43] Laitner J. Structural Change and Economic Growth [J]. The Review of Economic Studies, 2000, 67 (3): 545 – 561.

［44］Landesmann M A，Stehrer R. Convergence Patterns and Switchovers in Comparative Advantage ［J］. Structural Change and Economic Dynamics，2001，12（4）：399 – 423.

［45］Lewis W A. Economic Development with Unlimited Supplies of Labour ［J］. The Manchester School，1954，22（2）：139 – 191.

［46］Lucas，R. On the Mechanics of Economic Develop-ment ［J］. Journal of Monetary Economics，1988，22：3 – 42.

［47］Maddison A. Growth and Slowdown in Advanced Capitalist Economies：Techniques of Quantitative Assessment ［J］. Journal of Economic Literature，1987，25（2）：649 – 698.

［48］Maddison A. The World Economy：A Millenial Perspective ［R］. Development Centre of the Organization for Economic Cooperation and Development，2001.

［49］Magnani E. The Productivity Slowdown，Sectoral Reallocations and the Growth of Atypical Employment Arrangements ［J］. Journal of Productivity Analysis，2003，20（2）：121 – 142.

［50］Malthus T R. An Essay on the Principle of Population ［M］. Dent，1798.

［51］Mankiw N G，Romer D，Weil D N. A Contribution to the Empirics of Economic Growth ［J］. The Quarterly Journal of Economics，1992，107（2）：407 – 437.

［52］Maroto – Sánchez A，Cuadrado – Roura J R. Is Growth of Services an Obstacle to Productivity Growth?：A Comparative Analysis ［J］. Structural Change and Economic Dynamics，2009，20（4）：254 – 265.

［53］Maudos J，Pastor J M，Serrano L. Explaining the US – EU Productivity Gap：Structural Change vs. Intra-sectoral Effect ［J］. Economics Letters，2008，100（2）：311 – 313.

［54］Mayer – Foulkes D. Global Divergence ［J］. Available at SSRN 335140，2002.

［55］Mc Combie J S L. The Productivity Growth Slowdown of the Advanced Countries and Intersectoral Reallocation of Labour ［J］. Australian Economic Papers, 1991, 30 (56): 70 –85.

［56］McMillan Margaret S. Dani Rodrik. Clobalization, Strctural Change and Productivity Growth, NBER Working Paper, No. 17143, 2011.

［57］Metcalfe, S. , R. Ramlogan. Competition and the Regulation of Economic Development ［J］. The Quarterly Review of Economics and Finance, 2005, 45: 215 –235.

［58］Mohammed Ariff, Hal Hill. Export – Oriented Industrialisation: The ASEAN Experience ［M］. New York: Routledge, 2011.

［59］Myrdal G. Economic Theory and Underdeveloped Regions ［M］. London: Duckworth, 1957.

［60］Narula R, Driffield N. Does FDI Cause Development?: The Ambiguity of the Evidence and Why it Matters ［J］. European Journal of Development, 2012, 24 (1): 1 –7.

［61］Nelson R R, Pack H. The Asian Miracle and Modern Growth Theory ［J］. The Economic Journal, 1999, 109 (457): 416 –436.

［62］Nordhaus W D. Baumol's Diseases: A Macroeconomic Perspective ［J］. The BE Journal of Macroeconomics, 2008, 8 (1).

［63］Nutahara, K. Structural Changes and EconomicGrowth: Evidence from Japan ［J］. Economics Bulletin, 2008, 15 (9): 1 –11.

［64］Papageorgiou, C. , F. Perez – Sebastian. Dynamics in a Non-scale R&D Growth Model with Human Capital: Explaining the Japanese and South Korean Development Experiences ［J］. Journal of Economic Dynamics and Control, 2006, 30 (6): 901 –930.

［65］Romer, P. Endogenous Technological Change ［J］. TheJournal of Political Economy, 1990, 94 (5), S71 –102.

［66］Salter W E G. Productivity and Technical Change ［M］. Cambridge, UK: Cambridge University Press, 1960.

［67］ SONMEZ A. Multinational Companies, Knowledge and Technology Transfer, Contributions to Management Science ［M］. Switzerland: Springer International Publishing, 2013.

［68］ Tikhomirova, G. Analysing Changes in Industry Structure. CSES Working Paper, 1997, 11.

［69］ Yasarm, Paul C J M. Firm Performance and Knowledge Spillovers from Academic, Industrial and Foreign Linkages: The Case of China ［J］. J. Prod. Anal. , 2012, 38: 237 – 253.

［70］ Yoshikawa, H. , S. Miyagawa. Changes of Industrial Structure and Post-war Economic Growth in Japan", RI – ETI Discussion Paper, 2009, 09 – J – 024.

后 记

　　此书是在我的博士论文的基础上修改而成的，时光荏苒，岁月如梭，四年的读博生涯犹如一次长征，也是人生的一次升华顿悟，回首求学路上的点滴，每一次顿悟与觉醒都离不开老师和亲友们的鞭策与帮助，为此表示衷心感谢！唯有铭记"会泽百家、至公天下"和"自尊、致知、正义、力行"，方能迈向新征程。

　　学高为师，身正为范。郭树华教授于我有知遇之恩，从硕士起即为恩师，是他带我进入了管理学和经济学的广阔领域。恩师学识渊博、为人谦和、气质儒雅、厚德载物。恩师授业，重在善诱，不论寒暑，恳切教诲，正如北宋刘挚在《乞重修太学条制疏》中说的："昔之设学校，教养之法，师生问对，愤悱开发，相与曲折反复，谆谆善诱"。然吾驽钝未开，时至今日知之甚少，所获皮毛，恐负教诲，以伤恩师之明；故唯有勤奋以补拙，学以致用，不负恩师之望。在云南大学经济学院、发展研究院学习期间，还要深切感谢杨先明教授、徐光远教授、张荐华教授、罗美娟教授、张林教授、蒋冠教授、程士国教授、吕昭河教授、曹荣光副教授、马丹副教授、娄锋副教授、毕冶副教授、王建康副教授、张应斌老师、胡峰老师等众位师长的精心指导和帮助，使我受益终身。也要真切感谢李建宇副书记、任勤主任、杨伟处长、廖国强副主编、骆洪副院长、王伟志副处长、王光科老师、许建林行长等良师益友，正是他们语重心长、情真意切的话语，激励着我完成学业。片言之赐，皆为我师也。

　　海内存知己，天涯若比邻。感谢求学路上的同学们。在艰苦的学习生涯中、在论文的研讨中都给予了我许多帮助和支持，感谢薛勇军、霍强师兄以及边小东、黄蕾、杨柯、孙菲菲、周艳丽、杨铖等六位同学的鼓励支持。特别要感谢两位同门师弟张明源、李晓玺，他们帮助收集整理了大量的文献资料，对本书的成型付出了艰辛的努力。与此同时，还要由衷感谢单位的领导和同事，是他们给予我时间，分担了工作，使我得以有更多的精力完成学业。

　　知子莫如父母。感谢父母和亲人作为我的坚强后盾，是他们默默地奉献着爱与宽容，操持家务、克服困难，而毫无怨言。家人的支持使我得以安心求学问道，广结同道挚友。谨将此文献给所有关心支持我的老师、同学和亲友。

2021 年 11 月 30 日于昆明
包伟杰